KB209787

Giubileo

쥬빌레오 로마

가톨릭 성년(희년)의 역사

쥬빌레오 로마: 가톨릭 성년(희년)의 역사

저　　　자　김 세 웅
발 행 인　안 문 경
발 행 일　2024년 12월 1일 초판 1쇄
　　　　　2024년 12월 8일 초판 2쇄
발 행 처　스콜라란 (등록 433-7500-421)
　　　　　경기도 고양시 일산서구 중앙로 1581 734호
　　　　　scholaran@outlook.kr
제 작 관 리　이 희 영
교 정 교 열　정 소 영
표지디자인　이 진 실
I S B N　979-11-981088-4-5 (02920)
가　　　격　15,000원

이 도서는 2024년 문화체육관광부의 '중소출판사 성장 부문 제작 지원' 사업의 지원을 받아 제작되었습니다.

쥬빌레오 로마

가톨릭 성년(희년)의 역사

김
세
웅

스콜라란
Scholaran

추천사

출판사 스콜라란은 종교와 무관한 곳입니다. 오히려 학자주의 작가를 지향하는 곳입니다. 그러던 중 로마에 거주하는 한국인을 알게 되었고, 그에게 출판 의향을 전하였습니다.

종교에 대한 지식이 없다면 유럽 도시를 여행하더라도 그냥 사진만 남기는 여행이 될 수 있습니다. 그래서 개인 믿음과는 상관없이 가톨릭의 역사와 문화를 알면, 더 많은 것을 보게 되고 그만큼 눈과 귀에 들어오는 여행을 할 수 있습니다.

로마에서 활동하는 한 남자는 해박한 가톨릭 지식을 갖추고 있었습니다. 역사, 그중에서도 미술사에 대한 설명이 돋보입니다. 코로나-19 동안 그가 만들어낸 영상(유튜브)과 이후의 글(밴드)에서 따뜻한 설득력을 느낄 수 있었습니다. 이렇게 출판사는 김세웅 작가를 섭외하였고, 매주 김세웅 작가가 써 내려간 글을 전달받으며 편집하였습니다.

작가와 출판사는 다른 도서도 기획하고 있습니다. 그런데 시기적으로 지금 출판해야 하는 주제가 있었습니다. 바로 쥬빌레오입니다.

　역사를 이해할 때 너무 방대한 분량으로 버거웠던 경험이 있을 것입니다. 출판사는 쥬빌레오가 역사를 이해하는 징검다리 역할을 한다고 생각했고, 로마를 둘러보는 정거장과 같은 느낌을 받았습니다.

　로마의 엄청난 건축과 예술품, 그리고 그 안에 담긴 시간의 이야기를 알고 싶다면 이 책을 권합니다. 이탈리아 로마로 여행 가는 모두에게 추천합니다.

　마지막으로 출판사는 작가의 글을 읽는 독자들이 쉽게 이해하도록 책의 끝에 쥬빌레오를 간단히 정리한 표를 남깁니다.

2024년 11월　발행인

목 차

Giubileo 쥬빌레오 (저자 서문)   ··· 012

1300   첫 성년, 100년 주기 선포   ··· 020
1350   교황 없는 유일한 성년   ··· 028
1390   성년을 두 번 개최한 교황   ··· 038

1400   검은 성년   ··· 044
1423   르네상스 성년   ··· 048
1450   금의 성년   ··· 052
1475   25년 주기 첫 성년   ··· 058

1500   특별한 전통을 만든 성년   ··· 064
1525   종교개혁, 분열된 성년   ··· 070
1550   신앙과 예술, 로마의 부활   ··· 078
1575   트리엔트 공의회의 결실   ··· 086

1600   바로크를 알리는 성년   ··· 094
1625   베르니니의 첫 번째 성년   ··· 102
1650   베르니니의 두 번째 성년   ··· 108
1675   베르니니의 세 번째 성년   ··· 114

1700	두 교황이 함께한 성년	⋯ 118
1725	전통을 만드는 성년(1)	⋯ 126
1750	전통을 만드는 성년(2)	⋯ 130
1775	어둠을 걷는 교회	⋯ 134
1825	되찾은 성년	⋯ 138
1875	허수아비 성년	⋯ 148
1900	만국의 성년	⋯ 152
1925	선교 교황과 바티칸 시국	⋯ 160
1950	지옥과 용서의 성년	⋯ 168
1975	쇄신과 화해	⋯ 176
2000	대 희년	⋯ 184
2025	스페란짜, 희망	⋯ 192
요 약	쥬빌레오와 교황	⋯ 198

책의 내용은 로마 역사이므로 주요어를 이탈리아어 발음으로 표기하고, 괄호 안의 외래어도 가급적 이탈리아어를 우선으로 표기하였습니다.

교황의 문헌인 칙서, 회칙, 서한과 공의회 문헌인 교의 헌장에 대한 제목은 라틴어로 표기하였습니다.

또한 이름과 명칭은 유럽 각 국가의 언어를 그대로 실었습니다. 이 외에도 필요에 따라서 한자, 라틴어, 프랑스어, 독일어, 포르투갈어, 영어 등을 추가하였습니다.

PP.　　　교황(Papa)의 라틴어 약자, 영어 pope

《　》　　교황 칙서

〈　〉　　교회 회칙

〔　〕　　교황 서한

[　]　　교의 헌장

『　』　　저서

•◆　　　편집부 추가 내용

2025년 성년을 준비하는
성 베드로 대성당

Giubileo

쥬빌레오 (저자 서문)

✚ 기쁨의 해, 거룩한 해

이제 다가올 희년을 준비하는 데 작은 도움이 되기를 희망하며, 성년이 우리에게 주는 의미를 묵상하고 역사 안에서 이루어진 지나간 희년을 되돌아보는 주제로 내용을 정리하였습니다.

『성년의 역사(Storia dell'Anno Santo)』[1]에 나오는 내용을 우선적으로 참고하였고, 해당 희년과 관련된 흥미로운 역사를 덧붙여 글을 써 내려갔습니다. 문맥에 따라 **성년**(聖年)과 **희년**(禧年)을 혼재하여 사용하게 되는데, 특별하게 언급할 경우를 제외하고 동의어로 간주할 수 있습니다.

우리가 **희년**(쥬빌레오)이라는 말씀을 알아듣기 위해서는 먼저 구약성경, 정확히는 레위기에 등장하는 구절로 거슬러 올라가야 합니다. 이는 하느님께서 시나이산 위에서 모세에게 이르셨던 바입니다.

> 너희는 안식년을 일곱 번, 곧 일곱 해를 일곱 번 헤아려라. 그러면 안식년이 일곱 번 지나 마흔아홉 해가 된다. 그 일곱째 달 초열흘날 곧 속죄일에 나팔 소리를 크게 울려라. 너희가 사

는 온 땅에 나팔 소리를 울려라.

너희는 이 오십 년째 해를 거룩한 해로 선언하고, 너희 땅에 사는 모든 주민에게 해방을 선포하여라. 이 해는 너희의 희년이다. 너희는 저마다 제 소유지를 되찾고, 저마다 자기 씨족에게 돌아가야 한다.

이 오십 년째 해는 너희의 희년이다. 너희는 씨를 뿌려서도 안 되고, 저절로 자란 곡식을 거두어서도 안 되며, 저절로 열린 포도를 따서도 안 된다. 이 해는 희년이다. 그것은 너희에게 거룩한 해다. 너희는 밭에서 그냥 나는 것만을 먹어야 한다.

이 희년에 너희는 저마다 제 소유지를 되찾아야 한다. 너희가 동족에게 무엇을 팔거나 동족의 손에서 무엇을 살 때, 서로 속여서는 안 된다. 너희는 희년에서 몇 해가 지났는지 헤아린 다음 너희 동족에게서 사고, 그는 소출을 거둘 햇수를 헤아린 다음 너희에게 팔아야 한다. 그 햇수가 많으면 값을 올리고, 햇수가 적으면 값을 내려야 한다. 그는 소출을 거둘 횟수를 너희에게 파는 것이다.

너희는 동족끼리 속여서는 안 된다. 너희는 너

희 하느님을 경외해야 한다. 나는 주 너희 하느
님이다.
(레위기 25, 8-17)

모세에게 이르신 주님의 말씀 의미는 명백합니다. 안
식년은 목축업이 부의 근원이었던 시대에서부터 유래한,
아주 오래된 제도였습니다. 땅은 이 안식년에 6일을 일
하고 나서 쉬는 사람과 같이, 또 창조의 일곱 번째 날
에 쉬신 하느님과 같이 쉬어야만 했습니다.

✚ 요벨에서 쥬빌레오로

이 안식년을 선포하기 위해 목동들은 숫양의 뿔을 불
었는데 이를 옛 히브리어로 **요벨**(yobel)이라 하며, 여기
에서 **쥬빌레오**(Giubileo, 영어 Jubilee)라는 말씀이 나왔습
니다.
히브리법에 따르면 땅은 하느님 소유였기 때문에 히
브리인 누구라도 땅을 임대할 수 있을 뿐, 자유롭게 처
분할 수 없었습니다.
희년이 오면 각 사유지는 하느님께서 나눠주셨던 원
래 주인에게 돌아갑니다. 그래서 히브리인의 토지 임대

료는 다음 희년까지 연도를 기준으로 책정되었던 것입니다.

우리는 밭과 집, 극단적인 상황에서 자기 자신까지 팔아야 했던 그 많은 사람들 모두 얼마나 희년을 기다렸을지 상상할 수 있습니다. 희년은 이토록 예외적이고 특별한 사건입니다. **사람에게는 용서이고 땅에는 휴식**인 행복의 한해입니다.

옛 계약(구약)이 희년 수혜의 중심을 물질적 재산에 두었었다면, 새 계약(신약)은 영적인 가치에 특권을 부여합니다. 그리스도의 가르침에 따르면, 빚을 탕감한다는 것은 죄를 용서한다는 분명한 의미입니다. 영원한 생명을 목표로 삼은 그리스도인은 살면서 저지른 과오를 하느님께 용서를 청합니다. 그리스도인은 천국을 얻기 위해서 회개가 선행되어야만 합니다.

1300년 **보니파시오 8세** 교황이 그리스도인의 첫 희년을 선포했을 때, 당시 순례자에게는 고해성사나 염경기도와 같은 영적인 회개뿐만 아니라 물질적 희생도 따랐습니다. 그들이 로마의 대성당들에 도달하기 위해 긴 여행 동안 만난 숱한 함정과 위험을 한번 생각해 보는 것만으로도 충분히 알 수 있습니다.

✦ 로마로 가는 길

순례자가 된다는 것은 이미 커다란 회개입니다. 당시 많은 순례자는 **영원한 도시 로마**에 도착하지도 못했습니다. 또한 순례를 마친 후 전대사를 얻은 이들이 고향으로 돌아가는 길에 죽는 경우도 있었습니다. 어떤 이들은 실종되어 그 부모조차 소식을 알지 못했습니다.

로마까지 가는 길은 제대로 관리되어 있지도 안전하지도 않았습니다. 고대 로마 시대 집정관이 만든 옛길을 걷는 사람들에게는 큰 희생이 따랐습니다. 그러므로 기원적으로 그리스도인의 희년은 **기도와 묵상의 때**이기도 하지만 **육체적 보속의 때**라는 사실을 잉태하고 있습니다.

사실, 과거의 여행은 모두에게 매우 힘들고 위험했던 것입니다.

✦ 희망의 성년

이제 2025년 성년이 다가오고 있습니다. 우리 생에서 다음 성년을 맞이할 수 있을지 모르겠기에 더 소중한 시간이 될 것이며, 이렇게 또 역사를 이어가게 됩니다.

희망의 해를 준비하며 성년으로 로마의 역사를 가늠하고 살펴보기 위해 이 글을 씁니다. 지난 코로나-19의 멈춤 시간에는 **이태리디오니**라는 유튜브 채널을 통해 이탈리아 곳곳을 대신 여행하며 한국에 알렸습니다. 그리고 이 책으로 성년의 역사를 같이 나누며 로마의 모습을 알리고자 합니다.

이 책이 여러분의 손에서 세상과 인간을 더 잘 알게 되는 도구이길 기도합니다. 여러분, 서로 포용하고 사랑하는 생이 되길 바랍니다.

2024년 11월　김세웅 디오니시오,
이탈리아 로마에서 전합니다.

함께 여행했던 딸과
천사의 성에서

19

1300

첫 성년, 100년 주기 선포

✚ 성년 선포 전

성년은 교회가 시작될 때부터 존재하던 제도가 아니었습니다. 그렇다면 성년이 시작될 때는 언제이며 그 배경은 무엇이었을까요?

최초의 성년이 선포되기 전, 그리스도인은 큰 좌절감에 빠져 있었습니다. 그것은 바로 예수 그리스도께서 생활하셨던 예루살렘을 비롯하여 팔레스티나 지방의 거룩한 땅(聖地)을 되찾는 데 철저히 실패했기 때문이었습니다.

예루살렘 성지로 순례를 떠나는 꿈을 포기해야 하는 절망에 빠진 신자에게 교황 **보니파시오 8세**[2]는 구약 히브리 백성의 전통에서, 자유와 해방을 의미하는 **희년**의 개념을 끌어올려 용서와 구원을 약속하는 **성년**을 선포함으로써 성령께서 새로이 교회를 이끄시도록 길을 열었습니다. 첫 번째 성년은 백성들이 간절히 바라던 일이었습니다.

✚ 전대사

교황은 로마를 방문하는 신자에게 전대사를 주었는

데, 1300년 2월 22일에 발표된 칙서 《옛사람들의 이야기에 따르면 Antiquorum Habet Fida Relati》에서 교황은 전대사를 얻기 위한 조건에 대해 명시하였습니다.

> 로마인이라면 성년 중에 적어도 서른 번,
> 성 베드로와 성 바오로 대성당을
> 방문할 것입니다.
> 이방인 순례자라면 같은 방법으로
> 열다섯 번을 방문할 것입니다.

세계 각지 그리스도교에서 로마를 향한 발걸음이 시작되었습니다. 당시 로마에는 순례자가 들어갈 수 있는 주요한 **성문**(Porta Santa, 聖門) **9개**가 있었고, 도시 안에는 500개가 넘는 탑과 200개 이상의 종탑이 세워져 있었습니다.

피렌체의 상인이었던 죠반니 빌라니[3]의 증언에 따르면 희년의 대사를 얻기 위해 로마에 도착한 순례자의 수가 20만 명 이상이었고, 그중에는 치마부에[4], 죠토[5]와 같은 유명한 화가들과 단테[6]와 같은 위대한 시인들도 포함되어 있었습니다.

✚ 대성전 입장

로마에 도착한 순례자들은 **성 베드로 대성당**(Basilica di San Pietro)에 들어가기 전에 대성당 앞에 자리한 솔방울 모양의 분수를 마주하게 되는데 이 **솔방울**은 오늘날 바티칸 박물관에서 찾아볼 수 있습니다.

단테는 『신곡(La Divina Commedia)』[7]에서 자신이 본 것을 다음과 같이 인용하여 후대가 길이 기억할 수 있게 했습니다.

> 그의 얼굴은 로마의 베드로 사도의 솔방울처럼
> 길고 크게 보이는데...
> (지옥 편 31곡 58-59)

솔방울 분수를 지나 대성당으로 들어가기 위해 35개의 계단을 무릎 꿇고 오른 순례자는 5개의 입구를 만납니다.

중앙 문은 **왕의 문** 혹은 **은의 문**이라 불렸고, 그 오른쪽에는 로마인만 출입할 수 있는 문이 있었습니다. 그리고 왼쪽에는 테베레(Tevere)강 건너의 트라스테베레(Trastevere) 주민을 위한 문이 따로 있었습니다.

가장 우측 문이 바로 순례자가 드나드는 문으로 사용되었고, 가장 좌측 문을 **심판의 문**이라 불렀는데, 이 문이 장례식 때 사용되었기 때문입니다.

이렇게 대성전에 입장한 순례자는 성 베드로[8] 사도의 무덤을 방문할 뿐만 아니라, 중요한 성유물 보기를 열망하였습니다. 매주 금요일 혹은 대축일에는 주님의 얼굴이 새겨진 **베로니카의 수건**을 공개하였습니다.

✚ 100년 주기

특별한 대사를 얻으려고 사도들의 으뜸 무덤에서 기도하는 신자들의 끝없는 행렬을 보고 교황조차 크게 놀랐다고 합니다.

이 보니파시오 8세 교황을 **새 바리사이의 두목**이라며 신랄한 비난을 서슴없이 날렸던 단테를 기억한다면 그를 향한 적대적인 평가가 있었음을 간과할 수 없습니다. 하지만 신자들은 성년의 선포를 아주 높이 평가하였습니다.

교황은 특별히 **백년의 해**라고 부르며 성년 주기를 100년에 한 번으로 제정하였습니다.

✚ 첫 희년 후

첫 희년을 성공적으로 마치면서 로마는 경제적 문화적 영적으로 많은 수혜를 입었습니다. 순례자의 봉헌으로 교황청의 재산은 풍족해졌고, 로마인의 삶의 질은 향상했으며, 다양한 분야 예술가들 체류로 중세 말기 로마에 귀중한 작품이 남게 되었습니다.

무엇보다도 희년은 목자와 양 떼처럼 잃어버린 수많은 영혼을 돌아오게 하고, 신앙 체험을 갈망하는 신자들은 하느님의 무한한 용서를 오감으로 느낄 수 있었습니다.

[1] Alimenti, Dante (1983). *Storia dell'Anno Santo (History of the Holy Year)*. Editrice Velar

[2] Papa Bonifacio VIII, 라틴어 Bonifacius PP. VIII, 이탈리아 아나니 출생, ˚1235~˚1303년, 193대 교황, 1294~1303년 재위

[3] Giovanni Villani, ˚1280~˚1302년

[4] Giovanni Cimabue, 이탈리아 피렌체 출생, ˚1240~˚1302년

[5] Giotto di Bondone, 이탈리아 피렌체 출생, ˚1267~˚1337년

[6] Durante degli Alighieri, 이탈리아 피렌체 출생, ˚1265~˚1321년

[7] 神曲, 영어 The Divine Comedy, 1308~21년경 단테가
    이탈리아어로 쓴 장문의 시이며, 세계 최고의 문학 작품 중
    하나로 평가받음. 서사시는 인페르노(Inferno),
    연옥(Purgatorio), 천국(Paradiso)의 주요 3부분으로 나뉨.

[8] San Pietro, 라틴어 Sanctus Petrus, 갈릴래아 베싸이다
    출생, 초대 교황, 64/67년 순교, 축일 6월 29일

바티칸 박물관 솔방울

1350

교황 없는 유일한 성년

✚ 교황의 치욕

처음으로 성년을 개최했던 교황 보니파시오 8세는 프랑스 왕 필리프 4세[1]와 대립하다 아나니(Anagni) 성에서 왕의 신하인 샤라 콜론나[2]에게 따귀를 맞는 치욕을 당한 후 화병으로 인해 한 달 만에 세상을 떠났습니다. 아나니는 교황이 태어난 곳이면서 동시에 필리프 4세에게 감금되고 굴욕을 당한 장소이기도 합니다.

다음 교황으로 선출된 도메니코회 출신의 거룩한 수도자 베네딕토 11세[3] 역시 교황직을 수락한 지 8개월 만에 급작스러운 죽음을 맞이하였습니다.

✚ 아비뇽 교황청

다시 열리게 된 교황 선출 회의 콘클라베(Conclave)에서 교황으로 **클레멘스 5세**[4]가 뽑혔습니다.

필리프 왕의 심한 간섭을 받아야 했던 프랑스인 교황은 보니파시오 8세 교황의 정책을 무효화하고 프랑스에 우호적인 정책을 시행하는 데 힘썼습니다. 로마가 아닌 리옹에서 즉위식을 거행하였고, 즉위 후 첫 행보로 프랑스인 9명을 추기경으로 서임하였습니다.

무엇보다도 성 베드로 사도의 후계자이자 로마의 주교로서 보편교회를 이끌어 온 교황의 거처를 남프랑스의 아비뇽으로 옮긴 결정은 교회 역사에 큰 변화를 가져왔습니다.

아비뇽 교황청(Palais des Papes d'Avignon)은 이렇게 탄생했습니다.

✚ 성년 주기 논쟁

교황청이 아비뇽으로 옮겨간 후, 로마인들은 성년 선포의 기회에 대해 논쟁하기 시작하였습니다.

논쟁거리는 많았지만 가장 중요한 안건은 보니파시오 8세 교황이 설정한 100년을 주기로 돌아오는 성년 제도는 대부분의 신자가 성년의 대사를 얻을 수 없는 데 대한 문제 제기였습니다. 당시 인간의 수명이 꽤 짧았기 때문에 성년을 경험해 볼 기회조차 없었습니다. 운이 좋아 성년이 왔을 때 살아있는 사람이라 하더라도 너무 어리거나 늙어 로마로 순례를 오기가 불가능한 경우가 많았습니다.

따라서 **7년이 7번째 돌아오는 이듬해**라는 히브리인의 오랜 관습에 따라 성년의 선포를 50년에 한 번으로 조

정하는 것이 좋다는 결론에 이르렀습니다.

✚ **성년 선포와 로마 복귀**

　콜라 디 로렌조[5]를 대표로 이루어진 로마위원회는 베드로의 후계자들이 **영원한 도시 로마**를 떠난 지 38년 만에 아비뇽의 교황 궁정에 도달하기 위해 긴 여행을 떠났습니다.

　몇 주 만에 아비뇽에 도착한 위원회는 교황 알현을 허락받기 위해 며칠을 더 기다려야 했지만, 콜라 디 리엔조는 **클레멘스 6세** 교황[6] 앞에서 바오로 사도가 에페소 원로들에게 했던 감동적인 말씀을 인용하여(사도 20.18) 열정적인 연설을 했습니다. 이에 교황은 감동하여 1350년을 성년으로 선포할 것과 성년을 맞아 로마로 돌아갈 것을 약속하였습니다.

　교황은 그를 사도좌의 공증인으로 임명할 뿐만 아니라 로마시 호민관의 임무를 부여하여 막강한 권한을 주었습니다.

　1343년, 로마로 돌아온 콜라 디 리엔조는 성년을 약속하는 교황의 결정을 로마 시민에게 알렸습니다. 그리고 대사를 얻으려고 오는 순례자들을 환대할 준비를 갖

추고 초대했습니다. 한때 교황이 버린 도시 로마가 성
년을 맞아 옛 영광을 회복할 수 있도록 엄격하게 지시
하였습니다.

✛ 흑사병과 지진

한편, 예정된 성년이 다가올수록 교황은 로마의 상황
을 걱정하고 있었는데, 먼저 1345년부터 1348년까지
유럽 전체를 휘몰아친 흑사병의 유행이었습니다.

로마는 다른 도시에 비하면 피해가 크지 않았고 이에
로마인들은 흑사병으로부터 자신을 보호해 주신 성모님
께 감사드렸습니다. 그래서 로마의 7개 언덕 중 가장
높은 캄피돌리오(Campidoglio) 언덕 곁에 순례자들이 **성
모님께 봉헌된 하늘의 제단 성당**(Basilica di Santa Maria
in Aracoeli)까지 무릎을 꿇고 올라가는 긴 계단을 세웠
습니다.

그러나 흑사병으로부터 구출된 도시는 이듬해인 1349
년, 파괴적인 지진으로 큰 피해를 보았습니다. 건물의
외벽 중 정면부를 프랑스어 파사드(Façade)라고 하는데,
대체로 앞면에는 입구와 건물을 상징하는 화려한 장식
이 있습니다. 그런데 지진으로 로마의 주교좌 **라테라노**

의 성 요한 대성당(Basilica di San Giovanni in Laterano)의 파사드가 무너지고, 성년 순례의 목적지가 될 성 베드로 대성당 지붕이 무너지는 등 도시 전체가 크게 손상되었습니다.

✚ 교황 없는 성년

흑사병과 지진으로 희생자가 많아 복구할 시간도 인력도 모두 다 부족하였습니다.

1350년 성년이 열렸을 때, 로마를 방문한 수많은 순례자는 교황이 없고 반쯤 부서진 초라한 도시를 보게 되었습니다. 왜냐하면 클레멘스 6세가 약속을 지키지 않고 아비뇽 교황궁에 그대로 남기를 원했기 때문입니다.

열악한 상황에도 불구하고 시인 프란체스코 페트라르카[7]는 순례자들이 헌신한 여정에 대해 이렇게 회고하였습니다.

> 모든 신자들이 사도들의 무덤(성 베드로와 성 바오로)을 방문했고, 베로니카(의 수건)를 공경했고, 지성소에 들어갔고, 바티칸을 방문했으

며, 성 칼리스토의 공동묘지(카타콤베)[8]를 찾았고, 세례자 요한의 잘려진 머리를 찾아 가 묵상했고, 성 로렌조의 석쇠를 바라보고, 성 베드로와 성 바오로가 순교한 장소에서 기도하며 머물렀고, 8월의 눈 내린 기적을 기억하면서 주님의 구유를 경배하기 위해 성 마리아의 대성당을 찾았습니다.

두 번째 성년에는 대사를 얻기 위해 반드시 방문해야만 하는 대성당의 수가 하나 늘어났습니다.

보니파시오 8세 교황이 1300년 성년을 선포하며 순례자들이 성 베드로와 **성벽 밖의 성 바오로 대성당**(Basilica di San Paolo fuori le mura)[9]만 방문하는 것으로 고정했던 것을, 이제 **성모 마리아 마죠레 대성당**(Basilica di Santa Maria Maggiore)도 순례하는 것으로 추가되었습니다.

✈ 로마 3대 성당 순례지

성 베드로 대성당

성벽 밖의 성 바오로 대성당

성모 마리아 마죠레 대성당

✦ 가난과 대비되는 성년

콜라 디 리엔조가 예측한 것처럼 희년을 위해 방문한 도시에 체류하는 것은 많은 문제가 있었습니다. 순례자를 위한 침대와 음식이 부족했기 때문에 한 침대에 8명까지 자기도 했고, 생필품의 값은 하늘 높이 치솟았습니다.

클레멘스 6세는 자신의 대리인으로 체카노의 안니발도[10] 추기경을 보냈는데, 추기경은 순례자의 가난에 대조되는 화려한 행보를 보였습니다.

한편, 안니발도 추기경은 여행 기간에 따라 대사를 24시간 안에도 받을 수 있다고 기한을 줄였지만, 이 결정은 많은 로마인에게 비난을 받았습니다.

✦ 성녀 비르지타

이 희년에 참가한 위대한 순례자 중에는 스웨덴의 신비가 비르지타[11]가 있었습니다. 불같은 열정을 지닌 성녀는 교회와 성직자의 잘못된 길에 대항하여 다음의 말로 권력자들을 경고했습니다.

베드로의 그물은 개구리와 독사로 가득하였다.

두려움을 몰랐던 이 스웨덴 여성은 **마녀**라고 불리는
등 많은 위험에 노출되었습니다. 하지만 희년의 끝에
무사히 로마에서 출발하여 스페인의 산티아고 데 콤포
스텔라(Santiago de Compostela)와 성지 예루살렘으로 순
례를 떠났습니다.

성녀는 다시 로마로 돌아와 신앙인의 모범으로 많은
존경을 받으며 살다가 1373년 7월 23일 선종하였습니다.

---

[1] Philippe IV, 프랑스 퐁텐블로 출생, *1268~+1314년,
1285~1314년 재위

[2] Sciarra Colonna, 이탈리아 로마 출생, *1270~+1329년

[3] Papa B. Benedetto XI, 라틴어 Benedictus PP. XI,
이탈리아 트레비소 출생, *1240~+1304년, 194대 교황,
1303~1304년 재위, 훗날 1736년에 복자품에 오름.

[4] Papa Clemente V, 라틴어 Clemens PP. V, 프랑스
빌라드라우트 출생, *1264~+1314년, 195대 교황,
1305~1314년 재위

[5] Cola di Rienzo, 이탈리아 로마 출생, *1313~+1354년

[6] Papa Clemente VI, 라틴어 Clemens PP. VI, 프랑스 리무쟁
출생, *1291~+1352년, 198대 교황, 1342~1352년 재위

[7] Francesco Petrarca, 시인·인문학자, 이탈리아 아레초 출생,
*1304~+1374년

[8] 카타콤(Catacomb), 지하 묘지를 의미하는 용어의 유래는 잘

알려지지 않았음. 로마 인근 아피아 가도(Via Appia)에 있는 성 세바스티아노 대성당 아래 지하 묘지(Catacombe San Sebastiano)에 처음 적용된 것으로 추측함.

[9] fuori le mura, '성 밖의'라는 뜻

[10] Annibaldo di Ceccano, 이탈리아 체카노 출생, *1280~†1350년

[11] Birgitta, 스웨덴 바드스테나 출생, *1303~†1373년, 1391년 시성, 축일 7월 23일

성모 마리아 마죠레 대성당 성문

1390

성년을 두 번 개최한 교황

✦ 교황의 로마 귀환

아비뇽 교황 시대 중에 맞이하였던 1350년의 두 번째 성년 이후, 시에나의 카타리나 성녀[1]를 비롯한 수많은 성직자와 평신도는 교황이 로마로 귀환할 것을 염원하였습니다.

아비뇽 교황궁에서 직무를 수행한 일곱 번째 교황 그레고리오 11세[2]는 결국 1377년 1월 17일 로마 입성에 성공해 교황청은 다시 제자리를 찾을 수 있게 되었습니다. 로마인은 교황의 귀환을 경축하고 기념하기 위해 성모 마리아 마죠레 대성당에 **종탑**을 세우는 등 잠깐 감격스러운 기쁨을 누릴 수 있었습니다. 이 대성당의 75m 높이 종탑은 로마 최고의 종탑입니다.

하지만 그레고리오 11세는 이듬해인 1378년 세상을 떠났습니다. 그리고 로마 출신의 **우르바노 6세**[3]가 새롭게 선출되어 교황직을 계승하였습니다.

✦ 교회의 비극, 두 교황

새로운 교황을 인정하지 못하는 반대파 추기경들이 따로 콘클라베를 열고, 아비뇽(대립) 교황으로 프랑스 출신의 클레멘스 7세를 선출한 것이 교회 비극의 시작이었습니다.

하나의 교황 아래 일치되어 내려온 서방 가톨릭교회가 두 교황으로 갈라져 40년 동안 분열되었던 이 시기를 일컬어 **서구 대이교**[4] 시대라고 부릅니다.

이렇게 복잡하고 혼란한 상황 속에서 우르바노 6세는 교황의 로마귀환을 성대하게 기념하고, 로마파 교황의 정통성을 확고히 할 목적으로 새로운 성년을 제정하고자 결심하였습니다.

✚ 33년 주기

우르바노 6세 교황은 이전 성년에서 정해졌던 50년 주기 희년을 예수 그리스도의 강생부터 부활과 승천까지 **33년 지상 생활** 기간에 의미를 부여하여 앞으로 성년은 33년마다 개회하도록 정하였습니다. 교황은 새로운 성년이 시작되는 해를 1390년으로 선포하였는데 급작스레 선종하였습니다.

다음 교황으로 선출된 **보니파시오 9세**[5]에 의해 역사상 세 번째 성년이 열리게 되었습니다.

✚ 신자들의 실망

순례자는 독일 헝가리 폴란드 영국에서 많이 왔고, 프랑스인과 스페인인은 거의 없었습니다. 왜냐하면 당시 프랑스와 스페인은 대립 교황 클레멘스 7세를 정통 교황으로 인정하고 있기 때문이었습니다.

한편, 이탈리아의 신자들은 교회의 이 적대적인 분열에 크게 실망해 많은 신자가 로마로 향하는 순례를 포기하였습니다.

---

[1] Caterina da Siena, 라틴어 Sancta Catharina Senensis, 이탈리아 시에나 출생, ⁺1347~⁺1380년, 축일 4월 29일

[2] Papa Gregorio XI, 라틴어 Gregorius PP. XI, 프랑스 리무쟁 출생, ⁺1329~⁺1378년, 201대 교황, 1371~1378년 재위

[3] Papa Urbano VI, 라틴어 Urbanus PP. VI, 이탈리아 나폴리 출생, ⁺1318~⁺1389년, 202대 교황, 1378~1389년 재위

[4] 라틴어 Magnum schisma occidentale

[5] Papa Bonifacio IX, 라틴어 Bonifacius PP. IX, 이탈리아 나폴리 출생, ⁺1355~⁺1404년, 203대 교황, 1389~1404년 재위

▪ BC, AD

유럽을 여행하면 연도를 의미하는 라틴어 **안노**(anno)를 자주 보게 됩니다.

현대의 연도는 예수님의 탄생을 기준으로 기원전은 BC, 기원후는 AD로 표기합니다. 기원전의 약어 BC는 영어 **Before Christ**에 대한 줄임말입니다. 기원후의 AD는 라틴어 **안노 도미니**(Anno Domini)의 약자이고, 주 예수 그리스도의 해(Anno Domini Nostri Jesu Christi)를 간단히 표기한 것입니다. 영어는 in the year of our Lord Jesus Christ입니다.

묘비에서 특히 연도를 의미하는 **안노**를 많이 볼 수 있는데 태어난 연도의 앞은 별(*)로 표시하고, 영면한 시간은 십자가(+)로 새깁니다. 이번 책에서도 인물의 생애를 별과 십자가로 표기하였습니다.

성모 마리아 마죠레 대성당

1400

검은 성년

✚ 교황의 두 번째 성년

1390년 성년이 실망스럽게 끝나고 10년 후인 1400년, 보니파시오 9세 교황은 다시 50년 주기 전통으로 복원해 자신의 손으로 개최될 두 번째 성년을 선포하였습니다.

33년 주기와 50년 주기를 함께 꺼내 든 교황의 결정은 이후 성년 주기 설정에 혼란을 일으키는 씨앗이 되었습니다.

이때 영원한 도시를 향하는 긴 가도에는 검은 십자가를 앞세우고 하나같이 하얀 옷을 입은 순례자의 행렬이 끝도 없이 이어졌습니다. 그들은 머리에는 두건을, 허리에는 끈을, 백의에는 빨간 십자가를 새겼습니다.

✚ 순례 행렬과 전염병

로마까지 순례하는 동안 그들은 무질서하고 지저분했을 뿐만 아니라. 로마 교황을 없애기 위해 **대립 교황에게 지원**받고 로마를 향하고 있었습니다.

보니파시오 9세는 두려움 때문에 그들을 파문하려 했습니다. 로마 입성을 앞두고 비테르보(Viterbo) 근처에서 교황의 군대가 백의의 순례자 행렬을 막으려 했습니다.

그러나 그들의 무리는 이미 10만 명이 넘었고, 교황 군이 감당할 수 없는 당시로는 엄청난 인파였습니다. 순례자들이 로마로 오는 것을 결코 막을 수 없었고, 그들의 요구를 모두 들어주어야 했습니다.

음식도 옷도 없이 로마를 방문했던 이 미스테리한 순례자들이 떠난 후부터 도시에는 전염병이 유행하기 시작하였습니다. 수많은 사망자가 발생하였기에 1400년은 로마 역사에서 **검은 성년**(Giubileo Nero)이란 이름으로 남게 되었습니다.

성 베드로 대성당 성문

PIVS · XII · PONT · MAX · ANNE · IVBILE VNTE
SACRO · MCML · AENEIS · HVIVS · ORAE
VALVIS · VATICANAM · BASILICA · DECO
RARI · IVSSIT · LVDOVICO · KAA · PETRIA
NI · TEMPLI · OPERVM · CVRAR RE ·

HINC · VBERES · SCATEANT · DIVINAE · GRA
TIAE · LATICES · OMNIVMQVE · INGREDIEN
TIVM · ANIMOS · EXPIENT · ALMA · REFL
SIANT · PACE · CHRISTIANA · VIRTVTE
EXCVRRANT · ANNO · SACRO · MCML ·

1423

르네상스 성년

✦ 분열의 종결

콜론나(Colonna) 가문은 유서 깊은 로마 귀족 가문으로 중세 시대와 르네상스 시대에 교황과 많은 지도자를 배출한 명문가입니다. 교황의 호의로 부를 축적하였고, 13세기 이후 교회와 정치에서 꾸준히 두각을 나타냈습니다.

세 교황이 난립했던 분열의 시대를 종결한 교황은 콜론나 가문 출신의 **마르티노 5세**[1]였습니다. 새로운 교황은 독일 콘스탄츠에서 열린 공의회에서 세 교황을 모두 폐위시켰습니다. 새롭게 선출된 일치 교황으로서 허물어진 로마를 재건하는 데 힘썼던 마르티노 5세는 보니파시오 9세 교황이 1390년에 개최했던 성년으로부터 예수님의 생애를 의미하는 33년 주기를 적용하여 1423년 역사상 다섯 번째 성년을 선포하였습니다.

✦ 성문 통과 전통

1423년 성년에는 로마의 순례지 성당이 추가되었습니다. 성 베드로, 성 바오로, 성모 마리아 마죠레 대성당과 함께 로마의 주교좌 성당이자 세계 최초의 성전인 **라테라노의 성 요한 대성당**(Basilica di San Giovanni in

Laterano)을 필수 순례 성당에 포함하였습니다. 이렇게
하여 로마 4대 성당 순례가 완성되었습니다.

> ✣ 로마 4대 성당 순례지
> **성 베드로 대성당**
> **성벽 밖의 성 바오로 대성당**
> **성모 마리아 마죠레 대성당**
> **라테라노의 성 요한 대성당**

　이때 라테라노 대성당의 **성문을 통과**하는 전통이 시
작되어 오늘날에 이르고 있습니다. 성문은 **로마의 4대
성당**에 모두 있습니다.
　성년에 참석한 순례자 중 독일인이 가장 많았으며 특
별히 위대한 설교가 시에나의 베르나르디노와 가난한
이들을 위해 헌신한 로마의 프란체스카[2] 성녀가 순례
자 무리 안에서 함께 하였습니다.

---

[1] Papa Martino V, 라틴어 Martinus PP. V, 이탈리아 로마
　출생, *1368~†1431년, 206대 교황, 1417~1431년 재위
[2] Francesca Romana, 이탈리아 로마 출생, *1384~†1440년,
　축일 3월 9일

라테라노의 성 요한 대성당

1450

금의 성년

✛ 50년 주기 선포

마르티노 5세 교황의 계산법에 따르면 다음 성년은 1423년부터 33년 후인 1456년이 되어야 합니다. 그러나 인문학자이자 첫 르네상스 교황이라 불리는 **니콜로 5세**[1]는 원래대로 50년 주기를 적용하여 1450년을 역사상 여섯 번째 성년으로 선포하였습니다.

✛ 르네상스 교황의 성년

이 박식하고 유능한 니콜로 5세가 개최한 성년에는 그리스도교 세계 도처에서 수많은 순례자가 로마를 찾았고, 취합한 봉헌물의 양이 너무 방대하여 **금의 성년** (Giubileo D'oro)이라 부릅니다.

로마는 성년의 성공과 함께 르네상스 문화의 수도로 변모할 수 있었습니다. 이탈리아의 극작가이자 인문주의자이면서 세계 서적 왕으로 불리던 베스페시아니오[2]는 다음과 같이 기록하였습니다.

> 그 희년으로 사도좌에는 어마어마한 금화가 들어왔다. 그 덕분에 교황은 값을 보지 않고도 그

리스와 라틴 책(고문서)을 구매할 수 있었고, 더 많은 장소에 새로운 교회를 세울 수 있었다.

1450년 성년 중에 니콜로 5세는 시에나의 베르나르디노[3]의 시성식을 거행하였고, 카시아의 릿대[4] 성녀를 비롯하여 거룩한 사람들이 로마를 영적인 도시로 만들었습니다. 또한 니콜로 5세는 프라 안젤리코를 비롯한 위대한 예술가들이 교황의 방을 프레스코 벽화로 장식하도록 하는 등 르네상스를 대표하는 예술 작품들을 남겼습니다.

✚ 붕괴 사고

뜨거운 여름이 찾아왔을 때, 도시의 열악한 환경 때문에 전염병이 유행하자 니콜로 5세는 안전을 위해 이탈리아 중부 마르케(Marche) 지역에 있는 파브리아노(Fabriano) 마을로 떠나야 했습니다. 그럼에도 불구하고 수많은 순례자가 계속해 로마를 찾았습니다.

겨울이 찾아오자 도로의 상태가 악화하면서 12월 19일, **성 천사의 다리**(Ponte Sant'Angelo)가 무너져 70명의 순례자가 테베레강에서 목숨을 잃었습니다.

[1] Papa Niccolò V, 라틴어 Nicolaus PP. V, 이탈리아
사르자나 출생, *1397~✝1455년, 208대 교황, 1447~1455년
재위

[2] Vespasiano da Bisticci, 이탈리아 피렌체 비스티치 출생,
*1421~✝1498년

[3] Bernardino da Siena, 이탈리아 시에나 출생,
*1380~✝1444년, 축일 5월 20일

[4] Rita da Cascia, 이탈리아 움브리아 출생, *1386~✝1457년,
축일 5월 22일

❖ 성문이 있는 로마 4대 성당 걷기

　　로마 기차역에 내리면 약 350m 거리에 성모 마리아 마죠레 대성당이 있습니다. 메룰라나 거리를 통과하여 1.7km 정도를 더 걸으면 라테라노의 성 요한 대성당에 도착합니다.

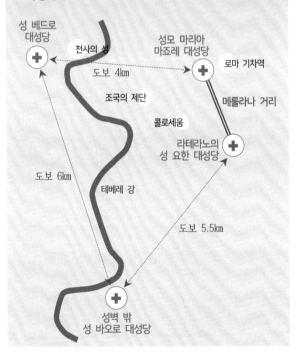

성 베드로
대성당

천사의 성

성모 마리아
마죠레 대성당

로마 기차역

도보 4km

메룰라나 거리

조국의 제단

콜로세움

라테라노의
성 요한 대성당

도보 6km

테베레 강

도보 5.5km

성벽 밖
성 바오로 대성당

성 천사의 성

1475

25년 주기 첫 성년

✦ 25년 주기 성년 공식화

교황 **시스토 4세**[1]는 1473년부터 1481년에 사도 궁전 안의 오래된 작은 성당을 복원하였습니다. 교황의 이름을 딴 **시스티나 소성당**(Cappella Sistina)은 사도 궁전 안에 있는 작은 경당으로 천장에는 이후 교황의 후원을 받았던 미켈란젤로를 포함한 르네상스 화가들의 프레스코 벽화로 유명합니다. 이곳은 바티칸 박물관 관람의 마지막 코스이기도 합니다.

시스티나 소성당으로 널리 알려진 교황 시스토 4세가 개최한 1475년 성년은 **25년 주기의 첫 시작**을 알린 성년이었고, **희년의 이름이 공식화**된 첫 번째 해였습니다.

1300년 최초의 성년 이후로, 100년 50년 33년 등의 변천사를 거쳐 왔던 성년 주기 논쟁은 끝났습니다. 이제 더 이상 바뀌지 않고 성년 주기가 25년으로 완전히 고정되었습니다.

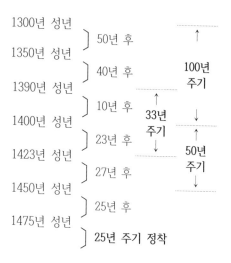

✚ 군주들의 성년

이 성년은 특별히 **군주들의 성년**(Giubileo dei Sovrani)
으로 역사에 기록되었습니다.

나폴리의 페란테 왕[2], 덴마크의 도로테아 여왕[3], 스
웨덴의 크리스티아노 왕[4], 우르비노의 공작 페테리코
몬테펠트로[5], 키프로스의 여왕 카를로타[6] 등 권세 있
는 군주들이 많이 참가했기 때문입니다.

✦ 혼란한 세기말

1400년대 말 유럽은 그 어느 때보다 복잡하고 다사
다난했습니다.

비잔틴 제국의 멸망 이후 더욱 거세진 이슬람 공격,
르네상스 사상의 유행 속에 꽃피우기 시작한 인간과 자
연에 대한 관심, 천재들의 시대라 불리는 뛰어난 예술
가들의 탄생과 예술의 눈부신 발전, 구텐베르크[7]의 인
쇄술을 통해 성경을 비롯한 책을 손에 접하게 된 대중,
콜럼버스[8]의 신대륙 발견과 함께 미지의 세계로 출발
하는 항해자 등 거대한 변화의 파도를 그 누구도 피할
수 없었던 그야말로 격동의 시대였습니다.

---

[1] Papa Sisto IV, 라틴어 Sixtus PP. IV, 이탈리아 사보나
  출생, ˚1414~✝1484년, 212대 교황, 1471~1484년 재위

[2] Ferdinando I di Napoli, 이탈리아 아라곤 왕국 출생,
  ˚1423~✝1494년, 1458~1494년 재위

[3] Dorotea di Brandeburgo, 독일 베를린 출생,
  ˚1430~✝1495년, 1445~1481년 재위

[4] Cristiano I, 독일 올덴부르크 출생, ˚1426~✝1481년,
  1448~1481년 재위

[5] Federico da Montefeltro, 이탈리아 우르비노 출생,
    *1422~*1482년, 1444~1482년 군주 재위

[6] Carlotta di Cipro, 키프로스 니코시아 출생, *1444~*1487년,
    1458~1464년 군주 재위

[7] Johannes Gutenberg, 독일 마인츠 출생, *1398?~*1468년

[8] Cristoforo Colombo, 이탈리아 제노바 출생, *1450~*1506년

시스티나 소성당 천장 벽화

나보나 광장

1500

특별한 전통을 만든 성년

✚ 성문을 열고 닫는 예식

보르지아(Borgia) 가문은 스페인 발렌시아 출신 귀족 가문의 후손으로 13~14세기에 이탈리아에 뿌리를 두고 교회와 정치 지도자를 배출하였습니다. 이후 가문이 쇠퇴하여 16세기 중반에 사라졌습니다.

서방 세계의 종교를 대표하는 가톨릭 역시 많은 변화를 겪었고, 그 한복판에서 새 시대의 첫 성년을 개최하게 된 교황은 스페인 보르지아 가문 출신의 **알렉산더 6세**[1] 교황입니다.

교황은 1499년 12월 20일에 회칙 〈영원한 목자 Pastores Aeterni Qui〉를 발표하면서 성년의 개막과 폐막이라는 예식을 견고히 확립했습니다.

알렉산더 6세 교황은 성년의 시작이 강력한 영향력을 지닌 상징적인 사건이 되기를 원했고, 그리하여 **특별한 방법으로 성문을 여는 전통**을 시작하였습니다. 예식의 내용을 일부 소개하겠습니다.

교황은 새하얀 옷을 입고 망치를 들고 문턱에 서서, 굳게 닫혀있는 성문을 망치로 첫 번째 치면서 "내게 열어라, 정의의 문을."이라고 외쳤습니다.

내게 열어라, 정의의 문을. 그리로 들어가서 나
주님을 찬송하리라. 이것이 주님의 문이니 의
인들이 그리로 들어가네. 제가 당신을 찬송하
니 당신께서 제게 응답하시고 제게 구원이 되
어 주셨기 때문입니다.
(시편 118, 19-21 참조)

두 번째 치면서 "주님, 제가 당신 집에 들어가리이
다."라고 말했습니다.

그러나 저는 당신의 크신 자애에 힘입어 당신
집으로 들어가 경외하는 마음으로 당신의 거룩
한 궁전을 향하여 경배드립니다.
(시편 5,8 참조)

마지막 세 번째 치면서 "문들을 열어라, 하느님께서
우리와 함께 계시다."라고 외쳤습니다.

우리에게는 견고한 성읍이 있네. 그분께서 우
리를 보호하시려고 성벽과 보루를 세우셨네.
신의를 지키는 의로운 겨레가 들어가게 너희
는 성문들을 열어라.

(이사 26.1-2 참조)

모든 벽이 깨지고 교황이 망치를 내려놓으면, 왼손에 촛불을 들고 무릎을 꿇은 채 성문을 넘었습니다. 이 예식은 신자들에게 요한복음의 다음 말씀을 떠올리도록 초대합니다.

나는 문이다. 누구든지 나를 통하여 들어오면
구원을 받고, 또 드나들며 풀밭을 찾아 얻을 것
이다.
(요한 10.9)

알렉산더 6세는 또한 성년 순례자를 위해 성문을 따로 마련하는 관습을 나머지 로마 대성당에도 적용하도록 명령하였습니다. 성 베드로의 성문은 오직 교황만이 열 수 있었고, 다른 3개의 대성당 성문은 교황 대리 추기경이 열 수 있었습니다.

한편, **문을 닫는 예식** 때 교황은 손에 벽돌을 들었습니다. 모든 성문은 성년을 제외하고 언제나 성전 안쪽에서부터 벽돌을 쌓아 결코 열 수 없도록 했습니다.

✛ 유명 순례자

1500년에 로마를 방문한 많은 순례자 가운데 훗날 천동설의 오류를 밝히고 태양중심설을 주장한 니콜라우스 코페르니쿠스[2]가 있었습니다.

교황은 이탈리아 리구리아 사보나 출신의 델라 로베레(Della Rovere) 귀족 가문 출신이었습니다. 이 가문은 두 명의 교황(시스토 4세, 율리우스 2세)을 배출하여 명성이 높아졌습니다. 성년을 지낸 얼마 후 1506년부터 이 가문의 교황 **율리우스 2세**[3]는 성 베드로 대성당의 거대한 공사를 시작하였습니다.

건축이 한창 진행되던 시기, 아우구스티노 수도회(Ordo Sancti Augustini) 소속 성서학자 **마르틴 루터**[4] 수사가 로마에 체류하고 있었습니다.

그러나 앞으로 25년 후 다가올 성년은 어떠한 상황에서 개최될지 이때까지만 해도 전혀 예상치 못한 채, 순례자들은 언제나 그렇듯 로마를 향해 걷고 또 걸었습니다.

[1] Papa Alessandro VI, 라틴어 Alexander PP. VI, 스페인 발렌시아 출생, *1431~+1503년, 214대 교황, 1492~1503년 재위

[2] Nicolaus Copernicus, 폴란드 토룬 출생, *1473~+1543년

[3] Papa Giulio II, 라틴어 Iulius PP. II, 이탈리아 사보나 출생, *1443~+1513년, 216대 교황, 1503~1513년 재위

[4] Martin Luther, 독일 아이슬레벤 출생, *1483~+1546년

성년의 벽돌

1525

종교개혁, 분열된 성년

✚ 대사와 면죄

우리는 고해성사를 통하여 죄를 용서받습니다. 그러나 죄로 인한 벌은 남으며, 이것을 잠벌(Poena Temporalis, 暫罰)이라고 합니다. 그리스도인은 잠벌을 없애기 위해서 속죄해야 하는데 일부를 감면받는 **한**(限) **대사**가 있고, 전부를 감면받는 은사는 **전**(全) **대사**라고 합니다. 즉 라틴어의 관대함을 의미하기도 하는 **대사**(Indulgentia, 大赦)를 통해 교회는 그리스도인의 잠벌을 면제합니다.

대사는 벌을 사하는 것이지 죄 자체를 사면하지는 않기 때문에 면죄(免罪)와는 다릅니다. 대사의 증거인 **대사부**(大赦符)와 면죄부를 같은 의미로 받아들여서는 안 됩니다.

✚ 첫 번째 분열, 대사 논쟁

서방교회의 결정적인 분열을 초래한 종교개혁의 화두는 대사에 관한 논쟁이었습니다.

알렉산더 6세 교황이 개최했던 1500년의 성년 이후, 율리오 2세 교황이 시작한 성 베드로 대성당의 공사로 로마 교황청은 많은 자금이 필요하게 되었고 전 유럽에 퍼져있는 지역교회와 신자로부터 교회 일치의 중심인 로마의 성 베드로의 무덤 위에 장엄한 대성당을 지을 수 있도록 도움을 받고자 했습니다.

그 해결책으로 성 베드로 성전의 건립 기금을 마련하고자 **대사 설교가들이 파견**되었습니다. 설교가들은 도시와 도시를 찾아다니며 죄를 회개하기 위해 선행과 기부를 하면 대사를 받을 수 있다고 가르쳤습니다. 교황청으로부터 순회 설교의 임무를 맡은 사람들은 학식이 풍부한 도메니코 수도회 회원이었습니다.

✚ 마르틴 루터

한편 독일에서는 1505년 아우구스티노 수도회에 입회하여 사제로 서품된 마르틴 루터라는 수사신부가 있었습니다. 루터는 1510년 로마를 방문하였을 때 교회 성직자의 부패한 모습을 보고 크게 실망하였으며, 다시 독일로 돌아가 비텐베르크대학[1]에서 신약성경을 가르치고 있었습니다.

당시 비텐베르크에서는 대사 설교가 허용되지 않았습니다. 그러나 루터는 신자들이 이웃 도시까지 가서 유명한 대사 설교가인 요한 테첼 수사의 말씀을 듣고 대사부를 얻어온다는 사실을 신자의 고해성사를 통해 알게 되었습니다. 이때 루터는 대사 남용을 항의하기 위해 대사부 판매를 반대하는 95개 조 논제를 작성하였고, 1517년 10월 31일 모든 성인의 날 전야에 비텐베르크 성당(Schlosskirche Wittenberg)의 문에 내걸었습니다. 위령의 날이 다가오는 이 기간은 특별히 많은 그리스도인이 연옥에 있는 영혼을 위해 대사를 얻고자 하는 날이었습니다.

루터는 곧바로 로마 교황청에 고발당했고, 수도원 동료들과 교황청에서 파견된 사절단은 3년 동안 루터에게 주장을 철회하도록 촉구하였습니다. 그러나 이 논쟁은 로마 교회로부터 독일의 민족주의를 촉발하는 결과를 낳았으며, 루터는 공의회를 소집해달라고 호소했습니다.

✛ 두 번째 분열, 교황의 경직성

메디치(Medici) 가문은 1434년부터 1737년의 대부분 기간 이탈리아 피렌체와 이후 토스카나를 통치한 귀족입니다. 메디치 가문에서는 네 명의 교황(레오 10세, 클레멘스 7세, 비오 4세, 레오 11세)을 배출하였습니다. 유럽 왕실과는 혼인을 통해 연결되었고, 특히 프랑스 까뜨린

드 메디치 여왕과 마리 드 메디시스 여왕이 가장 유명합니다.

1520년 6월 15일, 메디치 가문 출신 교황 **레오 10세**[2]는 "주님, 한 마리 멧돼지가 당신의 포도원을 망치려 달려들고 있습니다."라고 말하는 칙서 《일어나소서 주님 Exsurge Domine》을 통해 95개 논제 중 41개 논제를 단죄하였습니다. 같은 해 12월 10일, 칙서를 받아든 루터는 대중 앞에서 불에 태웠으며, 이듬해 교황청은 루터를 파문하였습니다.

루터에서부터 비롯된 종교개혁 운동의 심각성을 정확히 파악하지 못한 교황청의 강압적인 대응은 개신교와 국가들의 분열을 촉진하는 결과를 낳았습니다. 레오 10세 교황의 경직성은 1054년 동서교회의 분열 이래 유럽 역사에서 돌이킬 수 없는 두 번째 분열을 일으켰습니다.

✚ 혼란 속 성년

이러한 시대 상황 속에서 또 하나의 메디치 가문 출신 교황 **클레멘스 7세**[3]는 25년 주기 성년을 맞이하며 1525년 성년을 개최하였습니다.

종교개혁의 열풍을 잠재우고 로마가 다시 순례자로

가득한 도시가 되기를 희망하며 성문을 여는 황금 망치를 들었지만, 마르틴 루터가 95개 조 반박문을 낸 지 겨우 7년이 지난 때였습니다.

로마 성년의 개최는 오히려 더 많은 논쟁이 시작되는 계기가 되었고, **교황은 그리스도의 적** 또는 **로마는 제2의 바빌론** 등의 적대적인 구호가 독일을 중심으로 북유럽에 널리 퍼져나갔습니다. 본격적으로 종교 개혁이 일어나면서 종교적 정치적 사회적으로 놀라운 격변이 일어났으며, 서방 교회는 일치를 잃어버림과 더불어 가톨릭교회의 보편성에도 의문이 제기되었습니다.

✚ 절망의 시대

교회는 이제 새롭게 대응할 방법을 찾아야 했습니다. 그러나 클레멘스 7세와 교황청은 올바른 방향을 찾지 못한 채 1527년, 신성로마제국의 황제 카를 5세[4]의 사주를 받은 개신교 용병부대 란츠크네히트(Landsknecht)의 침략 속에 무참하게 약탈당하였습니다.

1534년에는 영국 왕 헨리 8세[5]가 로마 교황청과의 관계를 단절하고 영국 교회의 모든 권한이 영국 왕에게 있음을 선언한 수장령(Acts of Supremacy)을 발표하여 교회 역사상 가장 어두운 상황을 맞이하게 되었습니다.

　그러나 이 절망적인 시기에 오히려 하느님의 섭리를
드러낸 뛰어난 성인과 성녀들이 등장하기 시작합니다.

---

[1] 독일어 Universität Wittenberg, 현 마르틴 루터
　　할레-비텐베르크 대학교(Martin-Luther-Universität
　　Halle-Wittenberg)로 1502년 설립된 비텐베르크
　　대학교(Universität Wittenberg)와 1694년에 설립된 할레
　　대학교(Friedrichs-Universität Halle)가 합병하여 1817년에
　　설립함. 독일은 지역을 대표하는 인사와 지역명을 넣어서
　　대학 이름으로 하며, 영어는 간단히 University of Halle-
　　Wittenberg식으로 표기함.

[2] Papa Leone X, 라틴어 Leo PP. X, 이탈리아 피렌체 출생,
　　*1475~+1521년, 217대 교황, 1513~1521년 재위

[3] Papa Clemente VII, 라틴어 Clemens PP. VII, 이탈리아
　　피렌체 출생, *1478~+1534년, 219대 교황, 1523~1534년 재위

[4] Karl V, *1500~+1558년, 1519~1556년 재위

[5] Henry VIII, *1491~1547년, 1509~1547년 재위

예수 수난의 도구, 십자가 못 명패 가시관 등
성 유물의 경당(Cappella delle Reliquie)
예루살렘의 성 십자가 대성당

1550

신앙과 예술, 로마의 부활

✚ 트리엔트 공의회

1545년에 열린 트리엔트 공의회(Concilium Tridentinum)에서는 종교개혁 이후 교황청을 중심으로 가톨릭의 복원을 위한 방향을 모색하는 집중적인 노력을 시작했습니다. 이를 **반**(反)**종교개혁**(Controriforma) 혹은 **가톨릭 종교개혁**(Riforma Cattolica)이라 부릅니다.

트리엔트의 주요 칙령에 따르면, 신앙의 적절한 표현으로써 예술 작품이 동반되어야 하는데 성년은 이 작품들을 구체적으로 실현해 낼 합당한 기회를 제공할 수 있는 가장 좋은 때였습니다.

신앙은 예술을 통해 선교하고, 예술은 신앙을 통해 창조됩니다. 이 둘은 서로를 통해 본연의 사명을 완수합니다.

✚ 교황 서거와 선출

1527년 개신교 군대에 의해 거의 폐허가 되어버린 **로마 약탈 사건**(Sacco di Roma) 이후, 교황 **바오로 3세**[1]는 성년을 기점으로 로마를 회복하고자 아주 철두철미하게 준비하고 있었습니다. 그러나 고령의 교황은 성년 선포를 겨우 한 달 앞두고 서거하였습니다.

이후 열린 콘클라베에서 3개월 만에 교황 **율리오 3세**[2]가 선출되면서 회칙 〈양 떼의 목자 Si pastores ovium〉를 발표하였고, 바로 성년의 개최를 선포하였습니다.

✚ 위대한 성인

1550년 성년에 로마에서는 두 명의 위대한 성인이 활동하고 있었습니다. 한 분은 예수회의 창설자인 로욜라의 이냐시오[3]였고, 다른 한 분은 **착한 삡뽀**라고 불린 피렌체의 필립포 네리[4]였습니다.

특별히 성년에 네리 성인은 순례자들의 구체적인 필요에 봉사하기 위해 **지극히 거룩하신 삼위일체의 환대회**(Confraternita della Santissima Trinità dei pellegrini)를 설립하여 하루에 약 500명의 순례자를 도왔습니다.

그뿐만 아니라 로마를 더 효과적이고 충만하게 순례할 수 있도록 4대 성당 순례지에 **예루살렘의 성 십자가 대성당**(Basilica di Santa Croce in Gerusalemme), **성벽 밖의 성 로렌조 대성당**(Basilica di San Lorenzo fuori le mura)과 **성 세바스티아노 대성당**(Basilica di

San Sebastiano fuori le mura)을 추가한 7개 성당의 방문 코스를 만들어 소개하였습니다.

> ✈ 로마 7대 성당 순례지
>
> **성 베드로 대성당**
> **성벽 밖의 성 바오로 대성당**
> **성모 마리아 마죠레 대성당**
> **라테라노의 성 요한 대성당**
> **예루살렘의 성 십자가 대성당**
> **성벽 밖의 성 로렌조 대성당**
> **성벽 밖의 성 세바스티아노 대성당**

✚ 미켈란젤로의 성년

또한 1550년의 성년은 미켈란젤로의 성년이라고 불린 해이기도 합니다. 이 시기의 미켈란젤로 부오나로티[5]는 이미 75세의 나이로 여러 지병을 앓고 있었는데, 작품과 맞바꾼 병고가 얼마나 컸던지 밤에도 장화를 벗지 못하였고 꼭 끼는 모자를 쓴 채로만 잠들 수 있었습니다.

그런 미켈란젤로 역시 필립포 네리 성인이 알려준 방법대로 7개 성당을 모두 방문하였습니다. 교황은 그에게 훌륭한 말을 빌려주기까지 하였지만 미켈란젤로는 대사를 온전히 얻고자 하는 심정으로 군중 속에 섞여 자기 발로 직접 순례하며 전대사와 함께 마음의 평화를 얻었습니다.

조르조 바사리[6]도 그 성년에 참가했는데 바로 이 순례길을 함께 걸으며 그들은 이 성당과 저 성당 사이를 순례하는 동안 예술에 대하여 아름다운 토론을 하였습니다. **마에스트로와 나누었던 귀중한 대화**는 바사리가 1550년에 첫 출간한 『미술가 열전(Le Vite)』에 고스란히 기록되어 있습니다. 화가이면서 건축가였던 바사리는 이 책으로 최초의 미술사학자가 되었습니다.

✚ 평온의 갈망

성년을 맞이하기 3년 전, 미켈란젤로는 삶에서 가장 힘든 시간을 겪었습니다. 그것은 그가 가장 존경하고 영적으로 사랑한 여인이자 로마 체류 시기 그의 모든 창작의 뮤즈가 되어주었던 콜론나 가문의 귀부인, 비토리아^기를 떠나보낸 사건입니다.

그녀의 죽음 앞에 한없이 작아지는 자신을 마주하였고, 죽음이 엄습하는 두려움을 견딜 수 없어 괴로워했습니다. 미켈란젤로는 자신의 무덤에 놓을 피에타(Pietà) 상을 조각하는 데 몰두하다가 불같이 화를 내며 망치를 들어 깨부수기도 했습니다.

그렇게 불안해하던 그는 성년을 보내고 난 4년 후(1554년)인 80세가 되던 무렵, 다음과 같은 고백을 우리에게 남겨주었습니다.

> 어릴 때부터 매일 매일 주님,
> 당신은 나의 도움이시며 인도자셨습니다.
> 제 영혼은 아직도 의탁하옵나이다.
> 제 두 배의 어려울 때에
> 두 배의 도움 주시는 당신께...
> (미켈란젤로의 소네트 287)

동시대인에게 신으로 불리던 거장의 모습이 아니라, 신앙을 되찾고 평온을 갈망하는 한 평범한 인간이었을 겸손한 노인의 모습을 떠올려봅니다.

[1] Papa Paolo III, 라틴어 Paulus PP. III, 이탈리아 로마 출생,
　*1468~†1549년, 220대 교황, 1534~1549년 재위

[2] Papa Giulio III, 라틴어 Iulius PP. III, 이탈리아 로마 출생,
　*1487~†1555년, 221대 교황, 1550~1555년 재위

[3] Ignazio di Loyola, 라틴어 Sanctus Ignatius de Loyola,
　스페인 바스크 출생, *1491~†1556년, 축일 7월 31일

[4] Filippo Neri, 라틴어 Sanctus Philippus Neri, 이탈리아
　피렌체 출생, *1515~†1595년, 축일 5월 26일

[5] Michelangelo Buonarroti, 이탈리아 카프레세 출생,
　*1475~†1564년

[6] Giorgio Vasari, 이탈리아 피렌체 출생, *1511~†1574년

[7] Vittoria Colonna, 이탈리아 마리노 출생, *1492?~†1547년

미켈란젤로의 피에타
성 베드로 대성당

성 세바스티아노 대성당

1575

트리엔트 공의회의 결실

✚ 트렌토 공의회

종교 개혁의 폭풍과 함께 큰 위기를 맞은 가톨릭교회
가 이탈리아반도와 알프스산맥이 만나는 지점인 트렌토
(Trento)에서 공의회를 개최한 것은 우연이 아니었습니다.

1545년부터 1563년까지 18년 동안 다섯 명의 교황이
관여한 이 공의회에서는, 개신교가 급속히 전파되던 알
프스 이북 지역에 대해 재 가톨릭화 하려는 확고부동한
목표를 가지고 성경의 정경화, 성경과 성전(거룩한 전통)
의 원리, 의화, 구원, 성사, 성인 공경, 대사 등 광범위
한 주제를 다루며 **가톨릭의 교리를 명확히 정립**하였습
니다.

✚ 세기말 성년의 기회

공의회 이후 열린 첫 성년이자 16세기의 마지막 성년
은 **트리엔트 공의회의 정신**을 신자들에게 전달할 수 있
는 더없이 소중하고 행복한 기회였습니다.

교황 **그레고리오 13세**[1]는 1574년 5월 10일 예수 승
천 대축일에 발표한 칙서 《우리의 주님이시며 구원자이
신 Dominus ac Redemptor noster》을 통해 **보편적인 용서**

를 강조하였습니다. 그리고 종교개혁에 동조하였던 인사들이 가톨릭교회로 돌아올 수 있는 희망의 해로 제시하였습니다.

1575년 성년을 개최한 교황은 종교개혁 이후 위기를 맞은 가톨릭교회가 더 이상 과거 잘못에 머물러 있는 것이 아니라 개혁에 대한 진지한 열망으로 충만하다는 것을 다양하고 적극적인 방법으로 증명해 보였습니다.

이러한 교황 행보에 발맞추어 밀라노 대주교였던 카를로 보로메오[2]는 이탈리아 스위스 독일 등 북부 도시들과 로마를 이어주는 중요한 통역사 역할을 성실히 수행하였습니다. 대주교는 성인으로 시성되었고, 무덤은 밀라노 두오모 크립타에 있습니다.

로마에서는 지난 성년에 이어 이번 성년에서도 필리포 네리가 순례자들의 아버지가 되어 주었습니다.

✚ 순례자를 위한 성당

그해 성년에는 유럽 전역에서 40만 명이 로마를 방문하였는데, 당시 로마의 주민은 겨우 8만 명 정도였기 때문에 순례자를 맞이하려면 외부 도움이 절대적으로 필요하였습니다.

이에 유럽의 주요 국가는 로마를 향하는 순례자를 위해 각국의 이름으로 성당과 병원 및 기숙사를 건립하였고, 민족별로 순례자를 돌보는 형제회를 조직하여 책임을 맡았습니다. 그리고 로마에는 독일 네덜란드 스페인 프랑스 등에서 오는 순례자를 맞이하는 성당도 여럿 생겨났습니다.

네덜란드 순례자, 성 쥴리아노 성당
S. Giuliano

독일 순례자, 영혼의 성 마리아 성당
Chiesa Santa Maria dell'Anima

스페인 순례자, 성 야고보 성당
Basilica S. Giacomo degli Spagnoli

프랑스 순례자, 성 루이지 성당
Chiesa di San Luigi dei Francesi

✚ 형제회

필립포 네리 성인이 세운 성 삼위일체 형제회(La Confraternita della Santissima Trinità)를 비롯하여 각 국가와 민족을 대표하여 설립된 많은 형제회(Confraternita')

는 1575년 성년을 특별한 방법으로 대중의 신심을 성장시키는 데 크게 기여하였습니다.

형제회는 다양한 전통악기를 갖춘 악사를 앞장세우고 노래로 기도문을 부르며 로마 전역을 행진하면서 도시 전체에 종교적 분위기를 형성하는 데 지대한 영향을 미쳤습니다.

✚ 로마 장식

성년을 포함한 그레고리오 13세 교황의 재위 시기에 로마를 아름답게 장식할 성당이 많이 착공되었습니다.

예수 성당
Chiesa del Santissimo Nome di Gesù
발리첼라의 성모 마리아 성당
Chiesa di Santa Maria in Vallicella
발레의 성 안드레아 대성당
Basilica di Sant'Andrea della Valle

그리고 로마의 많은 광장은 예술적인 분수로 장식되었으며, 라테라노의 성 요한 대성당과 성모 마리아 마죠레 대성당을 연결하는 **메룰라나 거리**(Via Merulana)가 이때 건설되었습니다.

+ 학문적 기여

법학 천문학 지리학 등 많은 분야에 박식했던 그레고리오 13세는 이냐시오 성인이 세운 로마신학원(Collegio Romano)을 포함하는 계획으로 현 위치에 새로운 건축물을 올리고 확장하였습니다. 그리고 1584년 10월 25일, 자신의 이름을 딴 예수회 대학인 **그레고리오대학교**(Pontificia Università Gregoriana)로 명명하였습니다.

연구를 장려하려는 그의 행동 덕분에 이후 로마에는 독일대학, 헝가리대학, 영국대학, 아일랜드대학, 그리스대학 등이 연이어 설립되었습니다. 교황은 로마의 다양한 대학에서 배움의 기회를 얻은 학생들로부터 트리엔트 개혁 정신이 그리스도교 세계 전역으로 확산하기를 원했습니다.

그리고 바티칸에는 **지도의 복도**(Galleria delle Carte Geografiche)를 만들어 이탈리아 모든 지역을 마치 눈앞에 펼쳐놓은 듯 벽화로 남기기도 하였습니다.

✚ 달력 개혁과 묵주기도

무엇보다 후대에 널리 알려진 그레고리오 13세 교황의 업적으로는 달력 개혁이 있습니다. 1582년 2월 24일 달력 개혁을 발표하였고, 지금까지도 세계인은 **그레고리오력**(Calendario Gregoriano)[3]을 따르고 있습니다.

한편, 교황은 성년에 로마를 방문하지 못하는 신자에게도 전대사를 허락하는 전통을 남겼는데, 외국인의 경우 예정된 15번의 로마 방문을 대신하여 **15번의 묵주기도**를 바치도록 하였습니다.

---

[1] Papa Gregorio XIII, 라틴어 Gregorius PP. XIII, 이탈리아 볼로냐 출생, ⁺1502~⁺1585년, 226대 교황, 1572~1585년 재위

[2] Carlo Borromeo, 라틴어 Sanctus Carolus Borromaeus, 이탈리아 아로나 출생, ⁺1538~⁺1584년, 축일 11월 4일

[3] 영어 Gregorian Calendar

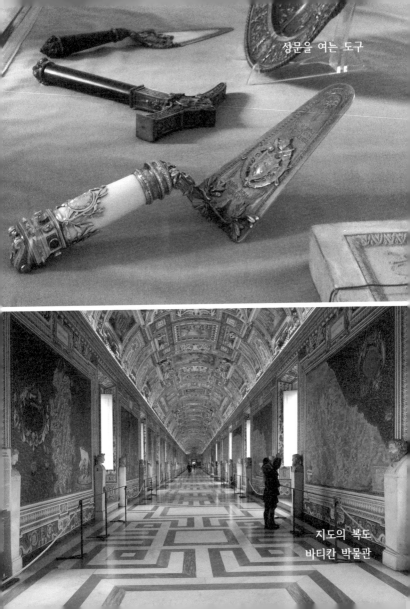

성문을 여는 도구

지도의 복도
바티칸 박물관

1600

바로크를 알리는 성년

✛ 화려하고 풍부한 성년

가톨릭교회 성년의 역사가 시작된 이래로 25년의 주기와 예식의 정립까지 약 200년이 걸렸습니다. 격변하는 세계사의 거센 파도 앞에서 풍파를 겪으면서도 예수님께서 친히 정하신 베드로의 배는 오히려 그 돛대를 더 높이 치켜세운 채 1600년이라는 새 시대를 맞이하게 되었습니다.

네 번에 걸쳐 개최된 17세기 성년의 공통점은 매우 극적이며, 외관이 화려하고 풍부한 바로크 시대의 전형적인 분위기를 띄고 있습니다. 그 때문에 학자들은 **바로크 양식의 성년**(Giubileo Barocco)이라고 불렀습니다.

✛ 세기 첫 성년

1592년 교황으로 선출된 **클레멘스 8세**[1]는 새로운 세기의 첫 번째 성년을 선포할 중대한 임무를 맡았고, 1599년 5월 19일, 칙서 《평안한 주님의 해 Annus Domini placabilis》와 함께 성년의 개최를 선포하였습니다. 교황은 또 다른 칙서 《희년의 성지들 Sancti iubilaei》과 함께 성년 외의 다른 대사부 수여를 중단할 것을 명령하였으며, 모든 주교에게 성년을 준비할 것을 권고하는 서한인 (허락된 시간 Tempus acceptabile)을 통해 로마 순례를 장려하였습니다.

✚ 로마를 향한 행렬

성탄 전야로 예정되어 있던 성문의 개방은 교황의 심한 통풍 증세로 인하여 한 주 뒤로 연기되었습니다.

1599년 12월 31일 성 베드로 대성당 성문이 열리고, 이날 하루에만 8만 명 이상의 사람이 이 예식에 참석하였습니다. 그해에는 수백만 명의 순례자가 로마를 방문하였습니다. 당시 로마의 인구를 약 10~11만 명으로 추산할 때, 로마에 방문한 어마어마한 순례자의 수를 짐작할 수 있습니다.

성년을 맞아 **로마는 세계인에게 거대한 극장**이었습니다. 각 국가와 도시별로 순례단이 구성되어 로마를 향한 행렬을 끊임없이 이어 나갔습니다. 순례자는 경건하고 위엄 있는 교황 클레멘스 8세를 한 번이라도 직접 만나보기를 갈망하였습니다.

통치자 사이에서는 엄격하고 단호하였지만 양 떼의 착한 목자로서 모습을 드러내고자 애썼던 교황은 성년 동안 식탁에서 매일 12명의 가난한 사람들과 함께 식사하였습니다. 그리고 성 주간에는 성 베드로 대성당에서 신자에게 고해성사를 주었으며, 순례자와 함께 예수님의 거룩한 계단을 무릎 꿇고 올랐습니다.

✚ 순례자를 위한 봉사

1600년 성년을 맞이하면서 많은 사람이 교황을 돕기 위해 분주하게 움직였습니다.

카밀로회(Ordo Sancti Camilli, O.S.C.)로 알려진 **병자 간호 성직 수도회**(Chierici regolari Ministri degli Infermi)를 창설한 성 카밀로 데 렐리스[2]는 청빈 정결 순명 외에 네 번째 서원으로 **환자에 대한 정성 어린 간호**를 추가하였습니다. 빨간 십자가가 새겨진 옷을 입은 이 회원은 로마 각지에서 지칠 줄 모르는 노력으로 순례자를 위한 봉사의 최전선에 있었습니다.

교황의 신학 고문이자 예수회 회원인 성 로베르토 벨라르미노[3]는 신자의 영적 생활에 도움을 주는 많은 저서와 자신의 삶을 통하여 **애덕의 실천**을 드러냄으로써 순례자에게 거룩한 본보기가 되었습니다.

✚ 종교재판

한편, 성년 기간에 큰 논란이 되었던 사건이 있었습니다. 도미니크회(Ordo fratrum Praedicatorum, O.P.) 수사였던 조르다노 브루노[4]는 종교재판을 통해 산 채로 화형에 처하는 사형을 선고받고, 1600년 캄포 데 피오리(Campo de' Fiori) 광장에서 죽음을 맞이하였습니다.

사상의 자유를 위해 목숨을 아끼지 않은 브루노를 기리며 1889년 그가 처형된 광장 한복판에는 빅토르 위고[5], 헨리크 입센[6] 등 지식인들이 뜻을 모아 지금까지도 상징처럼 남아있는 청동상을 세웠습니다.

✚ 바로크의 시작

1600년 로마는 예술가에게 다시 오기 힘든 기회의 문을 활짝 열었습니다.

작품 의뢰가 넘치던 로마에 모여든 많은 화가 중 **미켈란젤로 메리시**[7]라는 사람이 있었습니다. 그는 자신이 태어난 밀라노 근교의 작은 마을의 이름을 따서 **카라바조**(Caravaggio)라는 가명으로 활동하였습니다.

카라바조의 후견인 델 몬테 추기경의 추천을 받은 프

랑스인 추기경 마태오 콘타렐리[8]는 카라바조에게 자신의 주보성인인 성 마태오를 주제로 하는 두 개의 작품(성 마태오의 소명, 성 마태오의 순교)을 의뢰하였고, 이 작품을 성년 전까지 완성하라는 주문을 하였습니다.

이 의뢰는 처음으로 카라바죠에게 대중적인 장소에 그의 그림을 보여줄 기회를 제공하였고, 이는 회화 역사에서 바로크의 시작을 알리는 결정적인 전환점이 되었습니다.

이렇듯 성년은 종교적 의미로부터 확장하여 각계의 분야에서 새 시대 거장을 탄생시킬 획기적인 무대를 마련해 주었던 것입니다.

---

[1] Papa Clemente VIII, 라틴어 Clemens PP. VIII, 이탈리아 피렌체 출생, †1536~†1605년, 231대 교황, 1592~1605년 재위

[2] Camillus de Lellis, 이탈리아 부키아니코 출생, †1550~†1614년, 축일 7월 14일

[3] Roberto Bellarmino, 이탈리아 몬테풀치아노 출생, †1541~†1621년

[4] Giordano Bruno, 이탈리아 놀라 출생, †1548~†1600년

[5] Victor Hugo, 프랑스 브장송 출생, †1802~†1885년, 프랑스 문학가

[6] Henrik Ibsen, 노르웨이 시엔 출생, *1828~*1906년,
    노르웨이 문학가
[7] Michelangelo Merisi, 이탈리아 밀라노 출생, *1571~*1610년
[8] Matteo Contarelli, 프랑스 앙주 출생, *1519~*1585년

순례자들의 성모, 카라바조
성 아우구스티노 대성당

1625

베르니니의 첫 번째 성년

✚ 바로크 최고 거장

바로크 시대 최고의 거장 **쟌 로렌초 베르니니**[1]는 세 번의 성년을 맞이하였습니다.

역사상 어떤 예술가도 그보다 깊이 성년에 관여한 경우는 없었습니다. 89세의 긴 생을 살았던 미켈란젤로조차 1550년에 단 한 번 성년을 맞이하였을 뿐입니다. 회화와 조각과 건축을 화려하고 장엄한 바로크 양식으로 통일성 있게 종합하여 **로마를 바로크의 도시로 만든 주인공** 베르니니의 눈으로 17세기에 있었던 세 번의 성년을 따라가 보겠습니다.

✚ 이상적인 예술가

1623년 교황으로 선출된 **우르바노 8세**[2]는 2년 후에 개최될 성년을 준비하면서 교회의 장엄한 모습을 실현해 줄 이상적인 예술가를 찾고 있었습니다. 당대의 한 화가는 스물다섯의 신예 베르니니를 가리켜 **로마가 또 다른 미켈란젤로를 배출**할 것이라고 예언하였습니다. 실제로 교황은 베르니니를 선택하였는데 그를 다음과 같이 평가하였습니다.

보기 드문 인간, 숭고한 천재,
그는 이 시대에 빛을 가져다줄
로마의 영광과 신성의 분배를 위해 태어났다.

✚ 성 베드로 무덤의 장식

교회의 첫 세기부터 **사도들의 으뜸 성 베드로**의 무덤
에 관한 전통은 수 세기에 걸쳐 박해 시대부터 이어져
왔습니다. 콘스탄티누스[3] 황제의 성전 건립을 시작으로
최고의 예술가들은 그들이 할 수 있는 최선을 다하여
베드로의 무덤 위에 주 제단을 꾸며왔습니다.

그래서 우르바노 8세 교황은 무엇보다도 자신이 개
최할 성년에 로마를 찾아오는 순례자가 궁극적 목적지
인 성 베드로의 무덤에 집중할 수 있도록 **발다키노**
(Baldacchino) **장식**에 초점을 맞추고자 하였습니다. 옥좌
제단 묘비 등의 덮개 장식인 성 베드로 성당의 발다키
노는 천개(天盖)라고도 합니다.

1624년 교황은 베르니니에게 4개의 나선형 기둥으로
시작하여 십자가 절정에 이르는 높이 30m의 대형 청동
장식을 의뢰하였습니다. 당시 대성당의 공사 감독이었던

카를로 마데르노[4], 베르니니와 라이벌 관계가 될 프란 체스코 보로미니[5] 등 최고의 예술가들이 협력하여 9년 만인 **1633년**에 성 베드로 대성당의 발다키노를 완성하 였습니다.

✚ 바로크 수도, 로마

1625년 성년을 맞아 약 50만 명의 순례자가 로마를 방문하였습니다. 순례자들은 바로크의 수도로 탈바꿈하 고 있는 로마의 웅장한 모습을 보며 지상에서 하느님의 나라를 떠올려 볼 수 있었습니다.

성년을 개최했던 우르바노 8세는 재위 11년 만인 1644년 7월 29일 서거하였는데, 베르니니는 자신을 전 폭적으로 지지해 주었던 교황을 위해 장엄한 영묘를 만 들어 성 베드로 대성당 안에 봉헌하였습니다.

---

[1] Giovanni Lorenzo Bernini, 이탈리아 나폴리 출생,
   ⁺1598~⁺1680년

[2] Papa Urbano VIII, 라틴어 Urbanus PP. VIII, 이탈리아
   피렌체 출생, ⁺1568~⁺1644년, 235대 교황, 1623~1644년 재위

[3] Constantinus, 로마시대 나이수스 출생, 로마 황제,
   306~337년 재위, *272~†337년

[4] Carlo Maderno, 이탈리아 카폴라고 출생, *1556~†1629년

[5] Francesco Borromini, 스위스 비소네 출생, *1599~†1667년

발다키노(좌)와 성 베드로
성 베드로 대성당

1650

베르니니의 두 번째 성년

✛ 교황 가문

로마의 팜필리(Pamphilj) 가문은 16~17세기에 로마 가톨릭교회와 이탈리아 정치에 깊게 관여하였습니다. 1644년에 새롭게 선출된 로마 팜필리 가문 출신의 교황 **인노첸시오 10세**[1]는 전임 교황 우르바노 8세의 바르베리니(Barberini) 가문과 사이가 좋지 못하였습니다.

바르베리니 가문은 처음에 이탈리아 피렌체에 정착하고, 이후 로마에 정착하여 무역으로 부를 축적했습니다. 가문은 교황을 배출하면서 강력해졌고, 가톨릭 건축 건설을 장려하였습니다. 그러나 다른 가문과 갈등이 잦았고, 1736년을 끝으로 재산이 콜론나 가문으로 넘어갔습니다. 그리고 새 교황인 인노첸시오 10세와의 불화로 바르베리니 가문은 로마를 떠났습니다.

✛ 보로미니의 등장

이전 교황의 전속 예술가인 베르니니는 **우르바노 8세 교황의 왕자**로 군림하였지만, 새 교황은 더 이상 그를 신뢰하지 않았습니다. 그래서 인노첸시오 10세 교황은 베르니니를 대신해 그의 라이벌인 또 다른 바로크 거장

프란체스코 보로미니를 중용하였습니다.

교황은 1650년 성년을 맞이하며 보로미니에게 성 베드로 대성당의 6천 평이 넘는 바닥을 색색의 대리석으로 마감하는 작업을 의뢰하였습니다. 뿐만 아니라 로마의 주교좌 성당인 라테라노의 성 요한 대성당에 12사도상을 배치해 화려한 바로크 양식으로 개조하였습니다.

✦ 베르니니의 절망

최고의 자리에서 이제는 일자리를 잃어버린 예술가 베르니니는 눈을 뜨면 온갖 비난을 마주해야 하는 불행한 인간이었습니다. 베르니니에게 1650년의 성년은 인생에서 가장 절망적인 시간이었습니다.

한번은 베르니니가 지은 성 베드로 대성당 종탑의 바닥에서 균열이 발견되었을 때 그의 정적들은 설계의 문제를 제기하며 그를 건축 조사 위원회에 넘겼습니다. 베르니니의 탓이 아니라는 조사 결과에도 불구하고 1646년 자신의 비용으로 종탑을 철거해야 했습니다. 그는 사방에서 오는 모욕과 중상모략에 둘러싸여 자신의 경력과 생존이 위험에 처하는 것을 보아야했습니다.

이 사건 이후 누구의 의뢰도 받지 않고, **시간에 의해**

밝혀지는 진실을 묘사한 조각을 스스로 제작함으로써 자신이 당한 박해의 부당함을 호소하였습니다. 또한 대 데레사[2] 성녀가 하느님의 위대한 사랑에 빠져드는 순간을 극적으로 표현한 **성녀 데레사의 황홀경**(Estasi di santa Teresa)을 완성하여 위기의 상황 속에서 자신의 진가를 발휘하였습니다.

결국 베르니니는 교황 인노첸시오 10세에게 인정을 받게 됩니다.

---

[1] Papa Innocenzo X, 라틴어 Innocentius PP. X, 이탈리아 로마 출생, *1574~†1655년, 236대 교황, 1644~1655년 재위

[2] Teresa la grande, 스페인 아빌라 출생, *1515~†1582년, 축일 10월 15일

❖ 베르니니의 로마 건축

성당 내·외부 장식
- 성 베드로 대성당 발다키노
- 성 베드로 대성당 성 베드로의 좌(Cattedra di San Pietro)
- 성 베드로 대성당 열주랑과 광장
- 성 베드로 대성당과 바티칸 사도궁을 연결하는 왕의 계단, 스칼라 레지아(Scala Regia)
- 성 비비아나 성당(Chiesa di Santa Bibiana) 파사드

성당·경당 설계
- 민중의 성모 마리아 대성당(Basilica di Santa Maria del Popolo) 내 키지 경당(Cappella Chigi)
- 승리의 성모 마리아 성당(Chiesa di Santa Maria della Vittoria) 내 코르나로 경당(Cappella Cornaro)
- 퀴리날레의 성 안드레아 성당(Chiesa di Sant'Andrea al Quirinale)

궁전 설계
- 바르베리니 궁전(Palazzo Barberini), 보로미니와 공동 작업
- 루도비시 궁전(Palazzo Ludovisi), 현 몬테치토리오 궁전

성녀 데레사의 황홀경, 베르니니
승리의 성모 마리아 성당

1675

베르니니의 세 번째 성년

✚ 베르니니의 작품, 로마

교황 **클레멘스 10세**[1]가 개최한 1675년 성년은 베르니니에게 벌써 세 번째 성년이자 마지막 성년이었습니다.

이 성년을 맞아 그가 바라보는 로마는 모든 것이 그의 작품이었다고 해도 과언이 아니었습니다. 알렉산더 7세[2] 교황이 의뢰해 완성한 성 베드로 광장부터 오늘날까지도 로마의 대표적인 명소인 나보나 광장(Piazza Navona), 포폴로 광장(Piazza del Popolo), 천사의 성(Castel Sant'Angelo)과 천사의 다리 등.

젊은 베르니니가 받았던 그 예언은 현실이 되어 있었습니다.

로마는 또 다른 미켈란젤로를 배출할 것이다.

✚ 스웨덴 여왕의 개종

1675년 성년에 약 150만 명의 순례자가 몰려들었습니다. 순례자들 가운데에는 1655년 스웨덴의 왕위를 포기하고 가톨릭교로 개종하여 파르네세 궁전(Palazzo Farnese)이 있는 로마로 이주해서 살고 있던 스웨덴 여왕 크리스티나[3]도 있었습니다.

---

[1] Papa Clemente X, 라틴어 Clemens PP. X, 이탈리아 로마 출생, ˚1590~˚1676년, 239대 교황, 1670~1676년 재위

[2] Papa Alessandro VII, 라틴어 Alexander PP. VII, 이탈리아 시에나 출생, ˚1599~˚1667년, 237대 교황, 1655~1667년 재위

[3] Kristina Alexandra, 스웨덴 스톡홀름 출생, ˚1626~˚1689년, 1632~1654년 재위
    루벤 마물리아(Rouben Mamoulian) 감독의 1933년 영화 '크리스티나 여왕(Queen Christina)'에서는 6~28세 동안 왕위를 유지한 여왕의 삶을 극화함.

포폴로 광장

나보나 광장

1700

두 교황이 함께한 성년

✚ 서유럽의 가톨릭 수호

1600년대에 개최되었던 화려한 성년을 뒤로하고 새 시대를 맞이하는 로마에는 먹구름이 짙게 드리웠습니다.

16세기에 일어난 종교개혁 이후, 영국을 비롯한 유럽의 여러 국가가 가톨릭교회에 등을 돌렸지만, 프랑스 오스트리아 스페인 등 서유럽의 주요 국가들은 여전히 가톨릭 신앙을 수호하였습니다. 이 국가들은 성 베드로의 도시 로마 부흥을 위해 여러 방면에서 지원을 아끼지 않았고, 당대의 교황들도 로마를 그리스도인의 수도로서 세계 제일의 종교와 예술의 도시로 만들기 위해 노력하였습니다. 많은 성인과 예술가가 협력하여 그 사명을 다하였습니다.

✚ 유럽의 변화

그러나 18세기에 접어들면서 유럽의 역사에 큰 변화가 일어납니다. 그 시작이 된 사건으로 1700년 11월 1일, 스페인의 왕 카를로스 2세[1]가 겨우 38세의 나이로 세상을 떠나자 **스페인 합스부르크 왕가**(Haus Habsburg)**의 시대가 끝**이 났습니다. 당시 카를로스 2세 왕의 영토는 스페인뿐만 아니라 나폴리 시칠리아 밀라노 부르고뉴 벨기에 등의 유럽, 그리고 아메리카 아프리카 아시아까지 뻗쳐 있었습니다.

합스부르크라는 이름의 유래는 현 스위스의 합스부르크 성에서 시작되었고, 1020년으로 거슬러 올라갑니다. 독일 왕가가 되어 15세기부터 20세기까지 유럽의 주요 주권 왕조가 되었습니다.

카를로스 왕의 죽음과 함께 스페인 합스부르크 왕가의 영토를 차지하기 위해 친척관계에 있는 오스트리아의 합스부르크 왕가와 프랑스의 부르봉 왕가를 중심으로 이해관계가 얽혀있는 여러 유럽 국가가 1701년부터 1714년까지 스페인 왕위 계승 전쟁에 뛰어들었습니다. 심신이 허약했던 카를로스 왕이 살아있을 때부터 이러한 상황은 이미 예견되어 있던 그 시대의 숙명이었습니다.

한편, 이 시기는 프랑스 루이 14세[2]와 오스트리아 레오폴트 1세[3]의 시대였습니다. 프랑스에는 72년간 왕위를 지킨 **태양왕 루이 14세**, 오스트리아(신성로마제국)에는 46년간 재위함으로써 합스부르크 역사상 최장기간 황제로 지낸 레오폴트 1세가 있었습니다.

결국 전쟁의 결과로 프랑스 루이 14세의 손자 필리프가 **펠리페 5세**[4]라는 이름으로 스페인의 왕위에 오르게 되면서 오늘날까지 이어지는 **스페인 부르봉 왕조**(Casa de Borbón)**가 시작**되었습니다. 부르봉은 프랑스와 스페인 등을 통치했던 유럽의 가장 중요한 집권 가문 중 하나였습니다. 스페인의 대 영토는 여러 나라가 분할하였습니다.

✚ 교회의 특권 상실

이처럼 유럽 열강이 서로 복잡하게 전쟁에 개입해 있었고, 특히 가톨릭 세력을 대표하는 국가들이 첨예하게 대립하는 가운데 교황청은 한쪽을 지지하면 다른 한쪽으로부터 공격을 받았습니다. 가톨릭은 진퇴양난의 상황에 부닥쳐있었고, 유럽에서 교회의 특권이 무너지는 시기였습니다.

17세기만 하더라도 최고의 바로크 도시는 로마였지만 이제는 프랑스 파리, 오스트리아 빈, 스페인 마드리드 같은 열강 수도가 지난 세기 로마가 누려온 영광을 차지해 갔습니다.

✦ 성년 중 교황의 서거

교황 **인노첸시오 12세**[5]는 새 시대를 맞이하면서 1699년 5월 18일, 칙서 《영원한 임금 Regi Saeculorum》을 발표하며 성년의 개최를 선포하였습니다.

그러나 마치 힘없는 교회의 모습을 대변하는 듯 성년이 시작되기 전부터 교황은 위태로운 건강 상태였습니다. 1700년 9월 27일 역사상 처음으로 성년 기간에 교황이 85세의 나이로 서거하였고, 곧바로 콘클라베가 소집되었습니다.

그해 11월 23일, 역대 네 번째 교황이자 순교자인 성 클레멘스[6] 축일에 51세의 젊은 교황이 선출되었습니다. 그는 교황으로 뽑힌 날을 기억하면서 자신의 교황명을 **클레멘스 11세**[7]라고 정하였습니다.

성문의 폐막식은 교황 클레멘스 11세가 주례함으로써 **한 교황이 성문을 열고 다른 교황이 성문을 닫은** 지금까지 성년 역사 중 유일한 경우로 남았습니다.

---

[1] Carlos Ⅱ, 스페인 마드리드 출생, *1661~*1700년, 1665~1700년 재위

[2] Louis XIV, 프랑스 생제르맹앙레 출생, *1638~+1715년, 1643~1715년 재위

[3] Leopold I, 오스트리아 빈 출생, *1640~+1705년, 1658~1705년 재위

[4] Felipe V, 프랑스 베르사유 출생, *1683~+1746년, 1700~1746년 재위

[5] Papa Innocenzo XII, 라틴어 Innocentius PP. XII, 이탈리아 베노사 출생, *1615~+1700년, 242대 교황, 1691~1700년 재위

[6] Clemente I, 라틴어 Clemens I, 로마 제국 출생, *30?~+101?년, 4대 교황, 88~97년 재위

[7] Papa Clemente XI, 라틴어 Clemens PP. XI, 이탈리아 우르비노 출생, *1649~+1721년, 243대 교황, 1700~1721년 재위

❖ 고대 로마 숫자

　　로마의 숫자는 **7개의 기호**를 통해서 나타냅니다. 현재 우리가 사용하는 인도-아라비아 체계의 10개 숫자 (0~9)를 쓰지 않기 때문에, 로마의 수는 **시각적**으로 보여주는 방법입니다. 예를 들어 M을 기준으로 앞에 C가 있으면(CM=1000-100) 900이고, 뒤에 C가 있으면(MC= 1000+100) 1100입니다.

- I　 = 1
- V　 = 5
- X　 = 10
- L　 = 50
- C　 = 100
- D　 = 500
- M　 = 1000

성 베드로 대성당 성문 위 비문에 있는 숫자입니다.

- MCMLXXXIII　 = M + CM + LXXX + III
　　　　　　　　　 = 1000 + 900 + 80 + 3
　　　　　　　　　 = 1983
- MCMLXXXIV　 = M + CM + LXXX + IV
　　　　　　　　　 = 1000 + 900 + 80 + 4
　　　　　　　　　 = 1984
- MM = M + M = 1000 + 1000 = 2000
- MMI = MM + I = 2000 + 1 = 2001

성 베드로 대성당 성문

성문 위 비문

IOANNES PAVLVS II P.M.
PORTAM SANCTAM
ANNO IVBILAEI MCMLXXV
A PAVLO PP VI
RESERATAM ET CLAVSAM
APERVIT ET CLAVSIT
ANNO IVB. HVMANAE REDEMP
MCMLXXXIII-MCMLXXXIV

IOANNES PAVLVS II P.M.
ITERVM PORTAM SANCTAM
APERVIT ET CLAVSIT
ANNO MAGNI IVBILAEI
AB INCARNATIONE DOMINI
MM-MMI

1725

전통을 만드는 성년(1)

✚ 후대 교황의 귀감

과학과 이성의 시대인 18세기 초반의 성년을 살펴보면 먼저 1724년 5월 29일 교황 **베네딕토 13세**[1]가 선출되었습니다. 도미니코 수도회 출신의 이 열정적인 교황은 같은 해 6월 26일, 칙서 《우리의 구원자이자 주님 Redemptor et Dominus noster》을 반포하며 역사상 17번째인 1725년 성년을 선포하였습니다.

교황은 순례자를 환대하기 위하여 16세기 말부터 교황궁으로 사용되고 있던 퀴리날레 궁전(Palazzo del Quirinale)에서 **바티칸 사도 궁전**(Palazzo Apostolico)으로 거처를 옮겨 성년 동안 오롯이 성 베드로 대성당 곁을 지켰습니다.

로마에서 교황은 그리스도의 성체 성혈 대축일(聖體聖血大祝日)에 직접 성체 거동 행렬을 주례하기도 하고, 매일 걷거나 말을 타고 다니면서 병원을 방문하여 환자를 돌보았습니다.

교황의 모습은 이전에는 보기 드문 새로운 행보로써 훗날 교황들에게 귀감이 되었습니다.

✦ 스페인 계단 공개

로마에는 스페인 계단으로 알려진 **트리니타 데이 몬티**(Trinità dei Monti)라는 유명한 계단이 있습니다. 이 계단은 삼위일체 성당(Chiesa della Trinità dei Monti)과 스페인 광장(Piazza di Spagna)을 연결하기 위해 세워진 것으로 베네딕토 13세 교황이 1725년 성년을 맞아 공개하였습니다.

계단이 생기기 전에는 오르기 힘들었던 가파른 언덕이 오늘날 로마를 방문하는 관광객에게 **빼놓을 수 없는** 아름다운 명소로 자리 잡은 것입니다.

---

[1] Papa Benedetto XIII, 라틴어 Benedictus PP. XIII,
    이탈리아 그라비나 출생, *1649~†1730년, 245대 교황,
    1724~1730년 재위

삼위일체 성당과 스페인 계단

1750

전통을 만드는 성년(2)

✛ 밤을 밝히는 성년

한편 18세기의 교황 중에서 가장 많은 업적을 남긴 교황 **베네딕토 14세**[1]는 1749년 5월 5일, 칙서 《주님에게 온 순례자 Peregrinantes a Domino》와 함께 1750년의 18번째 성년을 선포했습니다.

당시 기록에 따르면 유럽은 물론 아메리카 등 여러 대륙에서 100만 명이 넘는 순례자가 로마를 방문하였고, 이때 처음으로 미켈란젤로의 성 베드로 대성당 돔과 베르니니가 설계한 성 베드로 광장(Piazza di San Pietro) 열주에 수천 개의 **촛불**이 설치되어 밤에도 밝게 빛나는 장관이 펼쳐졌습니다.

✛ 십자가의 길

성년을 맞이하며 **콜로세움에서 십자가의 길**(Via Crucis) 예식을 거행하였습니다. 교황은 원형 경기장이 초대 교회 신자들이 목숨을 바쳐 신앙을 지켰던 순교의 장소임을 기억하고자 경기장 곳곳에 십자가의 길 예식을 위해 14처를 마련하였고, 황제석이 있었던 자리에는 큰 십자가를 세우도록 하였습니다.

1750년 베네딕토 14세가 시작한 전통은 오늘날까지 매년 예수께서 십자가 죽음을 맞으신 날인 **성금요일**(聖金曜日)마다 이어져 오고 있습니다.

---

[1] Papa Benedetto XIV, 라틴어 Benedictus PP. XIV, 이탈리아 볼로냐 출생, *1675~*1758년, 247대 교황, 1740~1758년 재위

콜로세움 십자가의 길

1775

어둠을 걷는 교회

✚ 성탄 전야에 열리지 않은 성문

1760년 영국에서 시작한 산업혁명의 물결, 1776년 선포한 미국 독립선언, 1789년 프랑스혁명 등 18세기 후반에 세계사의 중대한 사건들이 연달아 일어났습니다. 교회는 격변하는 세계 속에서 조금씩 그 지위를 상실해 갔습니다.

교황 **클레멘스 14세**[1]는 칙서 《우리 구원의 저자 Salutis Nostrae Auctor》와 함께 1774년 4월 30일, 성년 선포를 알렸습니다. 그러나 불행하게도 개막을 3개월 앞둔 9월 22일 서거하였고, 그해 성년은 전통대로 성탄 전야에 성문을 열 수 없었습니다.

약 5개월의 콘클라베 끝에 1775년 2월 15일, 교황 **비오 6세**[2]가 선출되었습니다. 그로부터 며칠 후인 2월 26일, 새 교황은 장엄하게 성 베드로 대성당의 성문을 열어 대사의 은총이 주어지는 성년을 시작하였습니다.

비오 6세는 오랫동안 베드로 사도의 후계자로 봉직하면서 다음 성년을 선포할 기회까지 있었습니다.

✚ 나폴레옹의 포로, 사라진 성년

교황령을 비롯한 이탈리아 전체가 나폴레옹[3] 침공을

받아 당시 교회는 어려운 상황이었습니다. 급기야 1799년 3월 프랑스 군대는 **비오 6세를 포로**로 잡아 여러 도시를 전전하다 프랑스까지 데리고 떠났습니다.

유럽을 제패한 나폴레옹은 교황청마저도 수중에 넣었고, 교황은 1799년 4월 14일부터 프랑스 남부 도시 발랑스(Valence)에 **감금**되어 있다 그해 8월 29일 애통하게 **선종**하고 말았습니다.

이러한 상황 속에서 교회는 새 시대를 맞이하는 중대한 의미를 갖는 1800년 성년을 개최하지 못하였습니다.

---

[1] Papa Clemente XIV, 라틴어 Clemens PP. XIV, 이탈리아 리미니 출생, *1705~+1774년, 249대 교황, 1769~1774년 재위

[2] Papa Pio VI, 라틴어 Pius PP. VI, 이탈리아 체세나 출생, *1717~+1799년, 250대 교황, 1775~1799년 재위

[3] Napoléon Bonaparte, 코르시카섬 출생, *1769~+1821년, 1804~1814년 재위

성 베드로의 좌, 베르니니
성 베드로 대성당

1825

되찾은 성년

✛ 성년 선포

1824년 5월 24일, 칙서 《여기 그 시작에서 Quod Hoc Ineunte》와 함께 교황 **레오 12세**[1]는 50년 만에 개최하는 1825년 성년의 선포를 알렸습니다.

교회는 어렵게 되찾은 성년을 개최하기 위해 교회의 모든 힘을 끌어 모을 것을 목표로 하였습니다. 모든 신자 사이에 긴밀한 유대를 확립하고, 신앙을 위협하는 온갖 오류에 맞서 싸우고자 열정적으로 최선을 다하였습니다.

✛ 성 바오로 대성당 화재

세계 전역에서 약 32만 5천 명의 순례자가 로마를 방문하였는데 성년이 열리기 2년 전인 1823년 7월 15일, 성 바오로 대성당은 안타깝게도 화재로 큰 피해를 보았습니다.

그래서 성 바오로 대성당을 대체하여 **트라스테베레의 성모 마리아 대성당**(Basilica di Santa Maria in Trastevere)이 7대 성당의 순례 장소 중 하나로 포함되었습니다.

거의 소실된 성 바오로 대성당은 계속되는 복원을 통

해 1854년에 재건되었습니다.

> ✈ 1825년 성년의 로마 7대 성당 순례지
>
> **성 베드로 대성당**
> **트라스테베레의 성모 마리아 대성당**
> **성모 마리아 마죠레 대성당**
> **라테라노의 성 요한 대성당**
> **예루살렘의 성 십자가 대성당**
> **성벽 밖의 성 로렌조 대성당**
> **성벽 밖의 성 세바스티아노 대성당**

✚ 교황의 망명과 복귀

교황 역사에 있어 **가장 긴 재위 기간**을 누린 교황이 바로 **비오 9세**[2]이지만, 32년이라는 길었던 착좌 기간 내내 외롭고 힘든 상실의 시대를 겪었던 교황이기도 합니다.

비오 9세의 시대는 자유 평등 박애라는 프랑스 혁명 정신을 바탕으로 기존 질서를 거부하고 변화에 열광하던 때였습니다.

프랑스에서는 1848년 2월 혁명이 일어나 오를레앙 왕조를 몰아내고 **제2공화국**이 세워졌습니다. 영국은 빅토리아 여왕 시대(Victoria Era)의 영광을 누리면서 **제국의 영토를 확장**하는 데 전력을 다하는 가운데 국내에서는 사회 운동으로 노동자들이 참정권을 요구하며 1838년부터 1848년 동안 **차티스트 운동**(Chartist Movement, Chartism)이 일어났습니다.

독립선언 이후 세계의 주류 국가로 급부상한 미국에서는 에이브러햄 링컨[3] 대통령이 재임 동안 노예제 폐지를 목표로 **남북 전쟁**(1861~1865년)을 이끌었습니다.

급변하는 세계 속에서 이탈리아의 상황은 달랐습니다. 수 세기 동안 서로 다른 역사를 간직한 채 여전히 독자적인 정부를 유지했던 작은 나라들이 외세의 침입과 간섭에 끊임없이 시달리면서 이제는 **민족**이라는 이름으로 통일된 국가를 염원하였습니다.

프랑스 혁명에서 시작하여 나폴레옹의 이탈리아 원정을 통해 이 땅에 뿌려진 민족주의 정신은 주세페 마치니[4], 주세페 가리발디[5], 카보우르 백작[6] 등 통일 운동의 3걸이라 불리는 인물들이 주도하여 막연하기만 했던 **통일의 꿈**을 실현할 수 있었습니다.

이러한 과정에서 비오 9세는 **지상에 실현된 하느님의 나라, 새로운 예루살렘인 로마**(교황령)가 영적으로 존속할 수 있으려면 반드시 세속에서도 영토와 국민과 주권을 유지해야 한다고 믿었습니다. 이러한 이유로 교황은 로마를 병합하고자 하는 이탈리아의 통일운동을 단호하게 반대하였습니다.

✚ 선포하지 못한 1850년 성년

이러한 노력에도 불구하고, 1848년 프랑스의 2월 혁명과 함께 유럽 전역에 퍼진 더욱 강력해진 개혁의 요구로 그해 11월 24일, 교황은 로마를 떠나 양시칠리아 왕국(Regno delle Due Sicilie)[7]의 영토인 가에타(Gaeta)로 피신해야 했습니다.

총 17개월의 **망명 생활** 중 교황은 외부 가톨릭 세력의 개입을 요청하여 서쪽으로는 프랑스군과 스페인군이 상륙하였고, 북쪽으로는 오스트리아 군대가 이탈리아 북부를 흐르는 포(Po)강을 건너오게 됩니다.

이렇게 외세의 도움을 받아 로마로 복귀한 교황은 교황령의 수도 방어를 목적으로 프랑스군이 로마에 주둔

하는 것을 허용하였습니다.

1850년에 열려야 하는 성년은 결국 선포하지 못한 채 다음을 기약했습니다. 그래도 성 바오로 대성당의 재건과 축성을 비롯하여 육교 건설과 도로의 근대화, 전기 공급과 철도 건설, 이탈리아 국가 간의 관세 동맹 체결, 입헌 국가를 모델로 한 내각의 구성 등 근대국가로 이행을 위한 교황의 노력은 계속되었습니다.

1853년 인구 조사 자료에 따르면 교황령은 41,295㎢ 면적에 약 3백 10만 명의 인구가 거주하고 있었습니다. 교황령은 이탈리아 내에서 양대 왕국인 시칠리아 왕국과 피에몬테-사르데냐 왕국 다음가는 세 번째 규모의 국가였습니다.

1861년 이탈리아 왕국을 선포한 후 총리 카보우르는 결국 **교황령을 합병**하겠다는 의지를 천명하며 선언하였습니다.

로마만이 이탈리아의 수도가 되어야 한다.

비오 9세는 로마 강제 합병의 부당함을 호소하면서 자신을 **바티칸의 포로**로 정의하였는데, 이후 교회와 이탈리아 왕국 간의 불편한 관계는 약 60년간 지속되었습니다.

1870년 9월 1일 프로이센과 전쟁을 벌이던 프랑스는 로마에 주둔하고 있던 군대를 철수해야만 하였습니다. 통일군은 이 기회를 이용하여 공격을 감행하였고, 결국 1870년 9월 20일 교황령을 점령하였습니다.

> 교황령 또는 교회령(Lo Stato Pontificio o Stato Ecclesiastico) 혹은 성 베드로의 유산 (Patrimonio di San Pietro)은 756년부터 1870 년까지 로마시를 중심으로 하여 이탈리아반도 의 중부지방을 다스렸던 교황의 나라이자 현 바티칸 시국의 전신입니다.
> 이탈리아 민족주의적 통일운동인 리조르지멘토 (Risorgimento) 세력에 의해 로마가 포위된 후 이탈리아 왕국에 합병되었습니다.

✚ 교의 선포

비오 9세는 그의 교황 재위 동안 1854년 12월 8일 **성모 마리아의 원죄 없는 잉태**(Immacolata)를 가톨릭교회 교의로 장엄하게 선포하였습니다.

이 교리는 복되신 동정 마리아의 잉태 첫 순간부터 예수 그리스도가 인류를 위해 세울 공로를 미리 받고, 원죄에 물들지 않도록 보호되었음을 의미합니다. 하느님께서는 은총과 특전으로 마리아에게 하늘의 영적인 복을 내리셨고(에페 1.3), 하느님 앞에서 거룩하고 흠 없는 동정녀가 되게 하였습니다(에페 1.4).

그리고 1869년부터 1870년까지 제1차 바티칸 공의회를 개최하여 신앙과 도덕 문제에 대한 **교황의 무류성**(Infallibilità)을 교의로 선포하였습니다.

1870년 7월 18일 제1차 바티칸 공의회는 표결을 통해 교황의 무류성과 수위권 교리를 담은 교황 비오 9세의 교의 헌장 [영원한 목자 Pastor Aeternus]를 최종 승인하였습니다. 헌장을 보면 교황의 무류성은 이렇게 정의할 수 있습니다.

로마의 교황좌에서 선언하는 교리에 관한 결정은 오류가 있을 수 없으며, 그 자체로 교회가 믿어야 하는 것입니다. 교황의 교리는 교회의 동의를 얻는 것이 아니므로 교회에 속한 그리스도교 신자 모두가 따라야 할 신앙의 이치이며 체계입니다.

[1] Papa Leone XII, 라틴어 Leo PP. XII, 이탈리아 파브리아노 출생, *1760~*1829년, 252대 교황, 1823~1829년 재위

[2] Papa Pius IX, 라틴어 Pius PP. IX, 세니갈리아 출생, *1792~*1878년, 255대 교황, 1846~1878년 재위

[3] Abraham Lincoln, 미국 켄터키주 출생, *1809~*1865년, 1861~1865년 재임

[4] Giuseppe Mazzini, 정치인, 이탈리아 제노바 출생, *1805~*1872년

[5] Giuseppe Garibaldi, 시칠리아 총독, 프랑스 니스 출생, *1807~*1882년, 1860년 재임

[6] Conte di Cavour, 정치인, 이탈리아 토리노 출생, *1810~*1861년

[7] 1816~1861년의 이탈리아 남부 왕국, 1816~1817년 수도는 팔레르모, 1817~1861년 수도는 나폴리

성벽 밖의 성 바오로 대성당

1875

허수아비 성년

✦ 레오 성벽과 바티칸 포로

이탈리아 통일의 마지막 과정으로써 로마의 점령은 결과적으로 교황의 현세적 지배에 마침표를 찍었고, 로마를 새로운 국가의 수도로 지정할 수 있게 했습니다.

이탈리아 왕국의 군대는 9세기부터 교황 레오 4세[1]가 축조한 **레오의 성벽**으로 둘러싸인 바티칸 언덕의 영토만은 점령하지 않았습니다. 레오의 성벽은 현재 바티칸 시국의 국경입니다.

군대는 이 지역의 주권을 유지해 주겠다고 제안하였지만, **비오 9세부터 비오 11세**까지 교황들은 이 제안을 거부하고 자신을 **바티칸의 포로**(Prigioniero in Vaticano)로 인식하였습니다.

바티칸의 포로는 1870년 9월 20일 이탈리아 왕국의 군대가 로마를 점령한 때부터 1929년 2월 11일 라테라노 조약이 체결될 때까지 재위했던 교황들이 스스로를 정의한 호칭입니다.

✦ 반(反)성직주의

1300년에 성년의 역사가 처음 시작된 이래로 1475년에 확립된 25년 주기의 성년 개최는 역사상 단 두 번, **1800년과 1850년만을 제외**하고 교회는 소중한 전통을 중단 없이 이어왔습니다.

유배에서 돌아오는 과정에서 이미 한 차례 성년을 개최하지 못한 아픔을 간직하고 있던 **비오 9세**는 1874년 12월 24일, 회칙 〈교회의 심각한 재앙 Gravibus Ecclesiae〉과 함께 21번째 성년을 선포하였습니다.

교회 최후의 보루로 물러설 수 없는 사명감을 갖고 선포된 성년 속에서 안타깝게도 그리스도인은 국가와 교회, 민족과 신앙 사이에서 고뇌하는 시간을 보내야 했습니다.

이미 이탈리아 초대 국왕인 비토리오 에마누엘레 2세[2]의 군대가 로마를 점령하였을 뿐만 아니라, 지식인 사이에 널리 퍼진 반-성직주의로 인해 가톨릭교회와 밀착되어 있던 대중의 **신앙심은 완전히 제거되어야 할 잔재**로 여겨졌습니다. 이러한 시대 풍조 속에서 신자들은 성 베드로 대성당의 성문을 통과할 기회조차 누릴 수 없는 허수아비 성년을 보낼 수밖에 없었습니다.

[1] Papa Leone Ⅳ, 라틴어 Leo PP. Ⅳ, 로마 출생,
    *790~*855년, 103대 교황, 847~855년 재위

[2] Vittorio Eman-uele Ⅱ, 이탈리아 초대 국왕, *1820~*1878년,
    1861~1878년 재위

레오의 성벽

1900

만국의 성년

✦ 노동자와 가톨릭 운동

성 베드로 사도 이후 가장 오랫동안 교회를 이끌어온 비오 9세가 세상을 떠난 후 새로 선출된 교황인 **레오 13세**[1]는 교회가 처한 어려움을 지혜롭게 극복해 나갔습니다. 교황의 지성적이고 외교적인 역량 덕분에 교황령 몰락으로 떨어질 대로 떨어진 교회의 위신은 상당 부분 되찾을 수 있었습니다.

레오 13세 교황은 노동자 계층과 교회를 화해시키려고 노력하였습니다. 교황은 당시 유럽을 휩쓸었던 **사회 변화에 대처**하고자 1891년 첫 번째 사회 회칙 〈새로운 사태 Rerum vovarum〉를 통해 교회는 결코 귀족과 착취 계급의 동맹이 아니며, 노동자의 적법한 요구를 지지한다는 사실을 천명하였습니다. 이로써 노동 운동 진영이 처음으로 교회와 교황에 대해 경외심을 갖게 되었으며, 이같은 움직임은 전 세계에 **가톨릭 운동**(Azione Cattolica)으로 확산하였습니다.

레오 13세는 신앙을 그리스도인의 삶에 주류로 들어가게 함으로써 교회의 권위를 되살려 놓는 데 초석을 놓았습니다.

✚ 희망찬 미래

1899년 5월 11일, 교황 레오 13세는 칙서 《세기 밖으로 가는 길 위에서 Properante ad Exitum Saeculum》를 통하여 1900년에 개최한 22번째 성년을 **만국 성년**(Anno Santo Universale)으로 선포하였습니다.

미국 가톨릭교회의 새롭고 전폭적인 공헌과 세계 주교들의 확고한 헌신 덕분에 오랜 어둠의 터널을 넘어 성공적인 성년을 보내며 교회의 미래에 희망을 주었습니다.

✚ 십자가와 시성

이 특별한 해에는 이탈리아의 산에도 구세주에게 경의를 표시하기 위해 북쪽 알프스산맥부터 남쪽 시칠리아섬에 이르기까지 **전국의 봉우리**마다 십자가가 세워졌습니다.

특별히 1900년 5월 24일 주님 승천 대축일에 절밍하는 이들의 주보성녀 카시아의 리타[2] 시성이 이루어졌습니다. 무려 **443년 만에 이루어진 시성**으로 신자들의 믿음과 열정은 더 뜨겁게 불타올랐습니다.

[1] Papa Leone XIII, 라틴어 Leo PP. XIII, 아나니 출생, *1810~*1903년, 256대 교황, 1878~1903년 재위

[2] Rita da Cascia, 이탈리아 움브리아 로까뽀레나 출생, *1381~*1447년, 1900년 시성, 축일 5월 22일

☞ 가톨릭 알피니즘

알프스 봉우리에 세워지는 십자가는 산악인과 지역 보수주의자 사이의 갈등이 되기도 합니다. 이미 알프스 산맥에는 4천여 개의 십자가가 있습니다. 산악인들은 **십자가가 종교 중립지역인 산 정상을 너무 많이 점유**하는 것으로 인식하며, 보수적인 지역민은 **알프스의 그리스도교 유산이 공격받는**다고 주장합니다.

오스트리아 인스부르크
하페레카(Hafelekar) **정상 2,256m**

그러나 산에는 십자가만 있는 것이 아닙니다. 알프스 산맥(릿지)을 트래킹하면 산에서 유명을 달리한 사람들을 기리는 비석도 많이 볼 수 있습니다.

하페레카 정상 부근 추모비

가톨릭 알피니즘(Catholic Alpinism)은 경쟁을 통해 먼저 산을 정복하는 영국의 스포츠 등반과 대조적입니다. 3,000m 내외의 봉우리에 있는 평범한 길을 오늘날 우리가 하이킹이나 트래킹으로 부르는 형식으로 걷는 것입니다. 빠르게, 도전하듯이, 그리고 우월함을 증명하는 행위가 아닙니다. 또한 시끄러운 관광도 아닙니다. 신이 우리에게 선사한 가장 귀중한 생명을 희생하며 산에 오르지 않습니다.

"산에는 경쟁과 겨루기, 시기와 이기심이 없습니다. 오직 **신을 향해 하늘을 가리키는 절벽**만이 있습니다."

157

교회의 알피니즘은 정상을 향하는 용기와 힘이 아니라, 피로와 조심성을 훈련하는 방법으로 **금욕주의 신학**의 한 부분이면서 하느님이 있는 산으로의 순례입니다.

　　이러한 개념은 성 니콜라스의 사제, 아베 비오나즈 (Abbé Bionaz)가 1921년에 정의한 **감성적 알피니즘** (Sentimental Alpinism)이며, 알피니스트였던 교황 비오 11세에게 **산은 하느님을 체험하기에 이상적인 장소로** 여겨졌습니다.

[참고문헌] Cuaz, M. (2006). Catholic alpinism and social discipline in 19th- and 20th-century Italy. *Mountain Research and Development, 26(4),* 358-363.

바티칸 박물관 솔방울

1925

선교 교황과 바티칸 시국

✚ 유럽의 비극

교황 레오 13세가 성공적으로 이끌었던 1900년의 성년과 함께 희망차게 20세기를 맞이하였습니다. 그러나 한계를 모르는 제국주의의 야욕은 결국 1914년부터 1918년까지 **제1차 세계대전**이라는 비극 속으로 전 유럽을 몰아넣었습니다. 대전 중인 1917년에 발발한 볼세비키 혁명으로 1922년에는 소비에트사회주의공화국연방(소련)이 탄생하였습니다.

1922년 베네딕토 15세[1] 서거 이후 열린 콘클라베에서 14번의 투표로 교회 내에도 보수파와 진보파의 긴 줄다리기가 이어졌습니다. 타협의 결과로써 뛰어난 산악인이기도 했던 밀라노 대주교 아킬 라티(Achille Ratti) 추기경이 **비오 11세**[2]라는 이름으로, 교황에 선출되었습니다.

이탈리아에서는 그해 10월 28일 파시스트 운동의 선두인 베니토 무솔리니[3]가 이끄는 로마 행진이 벌어졌고, 이탈리아 왕국에 대한 **독재 시대**가 시작되었습니다.

✚ 선교 성격의 성년

교황 비오 11세는 1924년 5월 29일, 칙서《하느님의 무한하신 자비 Infinita Dei Misericordia》를 통하여 성년을 선포하였습니다.

교황은 특별히 성년의 뚜렷한 선교적 성격을 강조하였는데, 실제로 1925년 성년 중에 대대적인 **선교 전시회**가 열렸습니다. 1926년 교황 비오 11세는 라테라노 대성당 옆 사도궁 안에 설립한 선교민족학박물관(Ethnological Missionary Museum)에 전시회 자료를 핵심적 영구 전시로 바꾸었습니다. 이 전시는 1970년대 초에 바티칸 박물관 안으로 이전하였습니다.

교황은 수도회와 평신도가 선교 분야에 대한 노력을 배가하도록 적극적으로 노력하였으며, 재위 기간 중 아시아와 아프리카 주교와 사제의 수가 급격히 증가하였습니다. 세계는 비오 11세에게 **선교의 교황**이라는 칭호를 안겨주었습니다.

✚ **특별한 시성식과 시복식**

1925년 성년의 특히 중요한 순간은 성녀 아기 예수의 데레사[4] 시성식과 1858년 프랑스 피레네산맥의 루르드에서 있었던 성모 발현과 관련하여 성녀 베르나데타 수비루[5]의 시복식을 기억할 수 있습니다.

무엇보다도 우리 한국 신자에게는 그해 7월 5일 로마 성 베드로 대성전에서 거행된 김대건 안드레아[6] 신부를 비롯한 기해박해(1839년, 조선 헌종 5년)와 병오박해(1846년, 헌종 12년) 때 한국 **천주교 순교자 79명**의 시복식이 더욱 뜻깊은 순간이었습니다.

✚ 독립 국가 바티칸 시국

비오 9세 교황 시대 이후 교황령을 강제로 점령했던 이탈리아 통일 왕국과 갈등을 겪고 있던 교황청은 대국민적 지지가 필요하던 무솔리니 정부를 상대로 1929년 2월 11일 **라테라노 조약**(Patti Lateranensi)을 체결해 냈습니다.

그토록 바라던 독립 국가의 지위를 약 60년 만에 얻어내면서 비오 11세는 **바티칸 시국**(Stato della Città del Vaticano)의 첫 번째 주권자가 되었습니다.

바티칸 시국은 로마 시내에 위치하며, 교황이 통치하는 나라입니다. 이 나라는 전 세계 약 13억 명의 신자로 구성된 로마 가톨릭교회의 총본산입니다. 영토는 약 0.43㎢, 인구는 600여 명에 불과한 세계에서 가장 작은 독립 국가입니다. 소국은 1929년 라테라노 조약을 통해 인정되었으며, 국제 관계에서는 **성좌**(Sancta Sedes)라고 호칭합니다.

비오 11세 교황은 바티칸에서 정치적 상징을 금지했지만, 이탈리아 단일 국가를 축복한 최초의 교황이었습니다.

✚ 특별 성년, 1929년과 1933년

비오 11세는 정기 성년 이후에도 1929년과 1933년, 두 개의 특별한 성년을 선포하였습니다.

첫 번째는 1929년 교황의 사제 희년으로 그해 2월 11일 이탈리아 정부와 체결된 라테라노 조약으로 조성된 유리한 분위기 속에서 열렸습니다.

두 번째 특별 희년은 33세의 나이에 죽음을 맞이한 예수 그리스도의 생애 1900주기 추모로써 1933년에 반포되었습니다. 파시스트 정권과의 첫 번째 중요한 조우 후 아돌프 히틀러[7]와 함께 독일에서 국가사회주의 정권이 성립된 해에 일어났습니다.

1933년 특별 희년의 절정은 30만여 명 앞에서 거행된 살레시오회(Salesiani di Don Bosco, SDB) 창설자인 성 요한 보스코[8]의 시성식이었고, 12월 8일 원죄 없이 잉

태되신 마리아 대축일에 복녀 베르나데타 성녀 시성식
이었습니다.

---

[1] Papa Benedetto XV, 라틴어 Benedictus PP. XV, 이탈리아
제노바 출생, *1854~†1922년, 258대 교황, 1914~1922년 재위

[2] Papa Pio XI, 라틴어 Pius PP. XI, 밀라노 출생,
*1857~†1939년, 259대 교황, 1922~1939년 재위

[3] Benito Mussolini, 이탈리아 왕국 27대 총리, *1883~†1945년,
1922~1943년 재임

[4] Thérèse de Lisieux, 프랑스 알랑송 출생, *1873~†1897년,
1925년 시성, 축일 10월 1일

[5] Bernadette Soubirous, 프랑스 루르드 출생, *1844~†1879년,
1925년 시복, 1933년 시성, 축일 4월 16일

[6] 충남 당진 출생, *1821~†1846년, 1925년 시복, 1984년 시성,
축일 7월 5일

[7] Adolf Hitler, 독일(히틀러 내각) 수상, *1889~†1945년,
1933~1945년 재임

[8] John Bosco, 이탈리아 피에몬테주 출생, *1815~†1888년,
1929년 시복, 1933년 시성, 축일 1월 31일

✒ 1853년 교황령 vs. 바티칸 시국(성좌)

교황의 세속적 지배 영향력이 미친 교황령(Stati Pontificii)은 프랑크의 왕 피핀(Pippinus III Brevis)이 영토를 기증한 756년부터 이탈리아 왕국에 합병되는 1870년까지 약 1천 년 동안 유지되었습니다.

교황령에 포함된 지역은 이탈리아에서는 베네벤토(Benevento)와 폰테코르보(Pontecorvo), 프랑스는 남부 코멧 베네신(Comtat Venaissin)과 아비뇽(Avignon)이었습니다.

과거의 교황령은 현재 우리나라(남한) 땅의 2/5 정도 면적이며, 현 바티칸 시국은 가로 430m, 세로 430m의 크기로 상상할 수 있습니다.

	면적	인구
교황령	41,295.00㎢	약 3,100,000명
바티칸	0.43㎢	약 600명

성 베드로 대성당 외벽

성 김대건 안드레아 사제 순교자
S. ANDREAS KIM TAEGON
PRESBYTER ET MARTYR
(COREA 1821-1846)
A.D MMXXIII

1950

지옥과 용서의 성년

✚ 지상의 지옥, 2차 세계대전

1939년 세상을 떠난 비오 11세를 계승하여 교황 **비오 12세**[1]가 선출되었는데 불행히도 1939년부터 1945년까지 제2차 세계대전이라는 인류 역사상 최악의 전쟁을 마주하게 됩니다.

교황 비오 12세가 선포한 1950년 성년에 앞서 역사상 가장 끔찍한 재앙으로 꼽히는 제2차 세계대전은 30개국 이상에서 1억 명이 넘는 군인이 참전하였고, 민간인 대부분을 포함하여 약 6천만 명 이상의 목숨을 앗아갔습니다.

지상에서 지옥을 체험해야 했던 인류는 곧이어 세계를 양 진영으로 갈라놓은 냉전 시대를 맞이하며 불안과 증오의 두려움에 휩싸이게 됩니다.

✚ 한국으로 특사 파견

한편 비오 12세는 세계대전이 끝나고 1947년 8월 12일에 미국 메리놀 외방전교회(Maryknoll Missioners, M.M.)의 패트릭 번[2] 주교를 교황 특사로 대한민국에 파견하였습니다.

번 주교(한국명 방일은)는 이미 1923년 5월 10일 우리나라에 입국한 적이 있었습니다. 그리고 1950년 11월 25일 북한 수용소에서 62세의 나이로 순교하였습니다. 주교는 이로써 **메리놀회의 첫 순교자**가 되었습니다.

1947년 한국으로 특사 파견은 국제 관례상 세계 정상 중 최초로 교황청이 북한이 아닌 대한민국을 **주권 국가로 승인**한 사례였습니다. 훗날 우리나라가 독립 국가로 국제적 승인을 얻는 과정에 큰 힘이 되었습니다.

✚ **인류를 향한 용서의 문**

불행한 상황에서 교황직을 수행해 온 비오 12세는 **시민의 수호자**(Defensor Civitatis)로서 만민의 고통을 보았습니다.

1949년 5월 26일, 칙서 《가장 큰 희년 Jubilaeum Maximum》을 통해 성년을 선포하면서 세계인을 향해 하느님의 자비와 용서를 외쳤고, 그들이 하느님의 품으로 들어와 모든 상처와 아픔이 위로받기를 바랐습니다.

내일 망치를 세 번 치면서 성문을 열 때, 우리는 순전히 전통적인 행위를 하는 것이 아니라 그리스도인뿐만 아니라 모든 인류에게 매우 중요한 상징적인 의식을 행하고 있음을 알게 될 것입니다. 우리는 그 세 번의 타음(망치가 성문을 치는 소리)이 들을 귀가 있는 모든 사람의 영혼 깊은 곳에 울려 퍼지기를 바랍니다.

성년, 하느님의 해, 하느님의 위엄과 위대하심이 우리의 죄를 정죄하십니다. 하느님의 선하심과 자비하심은 그분을 기꺼이 받아들이고자 하는 사람에게 용서와 은총을 베푸십니다. 이 성년에 하느님께서는 인간에게 더욱 가까이 다가가고, 그 어느 때보다도 더 가까이 지내기를 원하십니다.

(1949년 12월 23일 성년의 개막을 준비하면서)

성문이 열린 날부터 1년 후 같은 날 닫힐 때까지 로마는 모든 신앙인에게 영혼의 고향이자 제2의 고향이므로 다시 돌아오라는 **초대와 용서**에 대한 확신을 끊임없이 반복하였습니다.

✛ **교황의 기도와 성년의 절정**

교황은 성년 동안 직접 성 베드로 대성당을 찾은 신

자에게 자주 고해 성사를 주었으며, 로마 교구의 사제에게는 열심과 자애로 고해성사 직무에 헌신할 것을 권고하였습니다. 특히 성년 중 부활 전야의 강론에서 이렇게 말했습니다.

> 우리는 여러분이 고해성사를 통해
> 하느님의 용서를 확신하기를 간청합니다!

또한 인류를 위해 하느님만이 주실 수 있는 **참된 마음의 조화와 평화**를 얻기 위해 기도와 참회가 부족하지 않기를 바라는 마음으로 기도문을 작성하였습니다.

> 전능하시고 영원하신 하느님,
> 성년의 큰 은혜를 주시는 당신께 온 마음으로 감사드리나이다.
> 모든 것을 보시고 인간의 마음을 살피시고 꿰뚫어 보시는 아버지, 우리로 하여금 이 은총과 구원의 시기에 당신 아드님의 목소리에 귀를 기울이게 해 주십시오.
> 성년이 모든 이에게 정화와 성화의 해가 되고 내적인 삶과 쇄신의 해가 되게 하여 주십시오.
> 당신께로 돌아가는 해, 용서의 해가 되게 하여

주십시오.

그해에는 약 400만 명이 넘는 순례자가 세계 각지에서 로마를 방문하였고, 성년 절정은 6월 24일 성 베드로 광장에 30만여 명이 참석했던 성녀 마리아 고레티[3]의 시성식이었습니다.

그리고 11월 1일, 사도헌장을 통해 교황 무류성으로 성모 마리아의 승천을 선언함과 믿을 교리(교의)로 선포한 순간을 빼놓을 수 없습니다.

---

[1] Papa Pio XII, 라틴어 Pius PP. XII, 이탈리아 로마 출생, *1876~†1958년, 260대 교황, 1939~1958년 재위

[2] James Patrick Byme, *1888~†1950년

[3] Maria Goretti, 이탈리아 코르니달도 출생, *1890~†1902년, 1947년 시복, 1950년 시성, 축일 7월 6일

성벽 밖의 성 바오로 대성당

1975

쇄신과 화해

✚ 공의회 이후

1962년부터 1965년에 걸쳐 바티칸에서 열렸던 제2차 바티칸 공의회는 이전 공의회와 다르게 **현대화**(Aggiornamento)라는 목적을 가지고 세상을 향해 **적응하고 쇄신**하기 위해 교회의 문을 활짝 열었습니다.

옹호하고 단죄하는 교회가 아닌 대화하고 일치하는 교회로의 혁신이었습니다. 사람들은 그때부터 교회를 이야기할 때 **공의회 전과 후**라는 표현을 사용하기 시작하였습니다.

제2차 바티칸 공의회를 개최하다 공의회 중에 서거한 교황 요한 23세[1]를 계승하여 밀라노의 대주교였던 몬티니 추기경이 교황 **바오로 6세**[2]로 선출되었습니다. 새 교황은 내성적이지만 특유의 침착하고 신중한 성품을 발휘하여 대부분의 회기를 훌륭히 이끌었습니다.

바오로 6세의 역할은 공의회가 끝난 후부터 오히려 본격적으로 시작되었다고 할 수 있습니다. 쇄신한 교회의 새로운 정신을 온 인류에게 전달하기 위하여 공의회가 정의한 대로, **지상에서 순례하는 교회**를 영원한 낙원인 천국으로 이끌어 주기 위하여 쉴 틈 없이 자신을 온전히 내어놓았습니다.

✚ 화해와 순례

교황의 모든 행보의 핵심에는 예수 그리스도의 가르침의 골자인 **용서와 화해**, 그리고 **사랑과 평화**가 있었습니다.

공의회 기간이던 1964년 1월 바오로 6세는 교황으로서 최초로 비행기에 탑승하였습니다. 역시 교황으로는 처음 이스라엘을 방문하면서 예루살렘에 입성하였고, 그리스도의 돌무덤에 입을 맞추었습니다.

그뿐만 아니라 콘스탄티노플(Constantinople)[3] 총대주교 아테나고라스 1세[4]를 만나 감격스러운 평화의 포옹을 나누었습니다. 로마 가톨릭교회와 콘스탄티노플 정교회가 서로를 파문한 지 무려 910년 만에 되찾은 **화해의 첫걸음**이었습니다.

바오로 6세는 여섯 개의 대륙을 모두 방문한 최초의 교황이자 그 당시까지 역사상 가장 오랜 시간 여행한 교황이었습니다. 그 덕분에 **순례자 교황**이라는 별명이 붙었습니다.

이로써 복음을 전하러 떠나는 교황직의 새로운 활로를 열었고, 그의 후임자들도 이러한 길을 계승하였습니다.

훗날 요한 바오로 2세는 바오로 6세를 능가하는 순례

자 교황이 됩니다.

✛ 교회의 변화

바오로 6세 교황은 자기 손으로 마무리 지은 제2차 바티칸 공의회 이후 첫 성년을 선포하였습니다.

1975년 성년은 모든 세대가 혜택을 받을 수 있도록 **25년** 주기가 확정된 1475년 성년으로부터 정확히 **500년 만**이었습니다. 이 성년은 한 세기를 마감하고 새로운 한 세기를 준비하는 중대한 기점이었으며, 공의회 정신으로 변화한 교회가 맞이할 특별한 성년이었습니다.

1974년 5월 23일, 칙서 《사도들의 문턱 Apostolorum Limina》을 통하여 성년 선포를 알린 교황은 이번 성년은 **쇄신과 화해**를 위해 봉헌할 것을 선언하였습니다.

> 제2차 바티칸 공의회가 끝난 지 10년이 지난 지금, 성년은 성찰과 개혁 시기로 결론지을 수 있으며, 최근 몇 년 동안 공들여 닦고 공고히 한 토대 위에서 발전하는 신학적·영적·사목적 건설의 새로운 국면이 열리는 계기가 될 수 있습니다.

전 세계에게, 쇄신과 화해를 향한 이 호소는 자유·정의·일치·평화에 대한 가장 진실한 열망과 일치하며, 사람들이 가장 심각한 문제를 인식하고, 분열과 동족상잔의 전쟁이 낳은 불행을 겪고 있는 모든 곳에서 들을 수 있습니다.

그러므로 모든 지역 교회의 대표자들, 즉 사목자와 신자의 로마 순례는 회심과 형제적 화해의 새로운 표징이 될 것입니다.

1974년 12월 24일, 성탄 전야 개최한 성문 개방식은 세계 42개국과 연계하여 **생방송**으로 송출된 최초의 성년이었습니다. 이 자리에는 10년 전 정교회와 화해를 기념하기 위해 바티칸에 초대된 디미트리오스 1세[5] 총대주교를 비롯하여 불교계 승려들도 함께하였습니다.

1975년의 성년 한 해 동안 로마에는 약 1천만 명의 순례자가 성 베드로 무덤을 찾아 방문하였습니다. 바오로 6세가 칙서 《사도들의 문턱》에서 인용하신 바오로 사도 말씀입니다.

곧 하느님께서는 그리스도 안에서 세상을 당신과 화해하게 하시면서, 사람들에게 그들의 잘못을 따지지 않으시고 우리에게 화해의 말씀을 맡기셨습니다.

그러므로 우리는 그리스도의 사절입니다. 하느
님께서 우리를 통하여 권고하십니다. 우리는
그리스도를 대신하여 여러분에게 빕니다.

하느님과 화해하십시오.

(2코린 5,18-20)

---

[1] Papa Giovanni XXIII, 라틴어 Ioannes PP. XXIII, 이탈리아
    베르가모 출생, ⁺1881~⁺1963년, 261대 교황, 1958~1963년
    재위

[2] Papa Paolo VI, 라틴어 Paulus PP. VI, 이탈리아 콘체시오
    출생, ⁺1897~⁺1978년, 262대 교황, 1963~1978년 재위

[3] 라틴어 Constantinopolis (콘스탄티노폴리스), 1453년 오스만
    튀르크 제국이 점령한 이후 튀르키예의 이스탄불로 지명 변경

[4] Αθηναγόρας Α΄, 오스만제국 이피로스 출생, ⁺1886~⁺1972년,
    267대 콘스탄티노폴리스 총대주교, 1948~1972년 재위

[5] Δημήτριος Α΄, 오스만제국 코스탄디니예 출생,
    ⁺1914~⁺1991년, 268대 콘스탄티노폴리스 총대주교,
    1972~1991년 재위

교황 요한 바오로 6세
성 베드로 대성당
지하묘역

SANCTVS
PAVLVS P.P. VI

교황 요한 바오로 6세 기념비
밀라노 두오모

PAVLVS VI P.

2000

대 희년

✦ 용서의 교황

1920년 5월 18일, 제1차 세계 대전의 칠흑 같은 어둠을 뚫고 여명이 밝아올 즈음, 폴란드 바도비체(Wadowice)에서 한 아기가 태어났습니다. 그 아기의 이름은 카롤 유제프 보이티와(Karol Józef Wojtyła)였습니다.

불과 58세의 나이로 264대 교황으로 선출된 그는 26년 6개월 동안 죽는 날까지 베드로의 배를 이끌고 교회를 필요로 하는 곳은 어디든 항해하였습니다. 20세기 말 세계에서 가장 영향력 있는 인물, 바로 **성 요한 바오로 2세**[1] 교황입니다.

1981년 5월 13일, 바티칸 성 베드로 광장에는 교황을 보기 위해 운집한 군중으로 가득했습니다. 그때 광장에 들어선 교황을 향한 **두 번의 총성**이 울려 퍼졌습니다. 교황은 사경을 헤매던 중 **파티마의 성모님** 도우심을 받아 기적적으로 살아났습니다. 성모님이 1917년 5월 13일 포르투갈의 파티마 마을에서 세 명의 어린이 앞에 처음 발현한 이후 파티마의 성모님(Nossa Senhora de Fátima, Our Lady of Fatima)으로 부릅니다.

교황은 2년 뒤, 자신을 죽이려 했던 사람인 튀르키예 형제를 직접 찾아가 용서하였습니다. 이때부터 사람들은 그를 **용서의 교황**이라 부르기 시작했습니다.

그리고 요한 바오로 2세 교황은 1983년을 세 번째 특별 희년으로 선포하였습니다. 예수 그리스도의 생애 1950주기를 추모하는 성년이었습니다.

✛ 한국 방문과 세계 평화 기도

1984년 5월 3일, 김포국제공항에 도착한 요한 바오로 2세는 순교자들의 거룩한 땅에 입을 맞추었습니다. 이 땅에 천주교가 뿌리를 내린 지 200년 만에 역사상 최초로 이루어진 **교황의 한국 방문**이었습니다.

5월의 아픔이 서려 있는 광주로 달려가 희생자의 슬픔을 위로하였고, 이 땅의 가장 소외된 곳 소록도를 찾아 환자들에게 축복을 주었으며, 서울 여의도 광장에서 **한국 순교복자 103위**를 장엄하게 시성하였습니다.

1986년 10월 27일, 성 프란치스코의 고향인 평화의 도시 아씨시(Assisi)에서는 세계 평화를 위한 종교인의 기도 모임이 열렸습니다.

교황은 세계의 모든 종교 지도자를 초청하였고, 한자리에 모인 이들은 인류 평화를 위해 다 함께 기도를 바쳤습니다. 지난 역사의 어느 대목에서도 유래를 찾을 수 없는 놀라운 일이었습니다.

✚ 제삼천년기 준비와 대 희년 선포

나열하기 어려울 정도로 많은 활동을 펼쳤던 요한 바오로 2세는 특별히 예수 그리스도의 강생을 기념하는 2000년에 개최될 성년에 지대한 관심과 열정을 쏟았습니다.

성년을 위한 준비는 1994년 11월 10일 발표한 사도적 서한 〔제삼천년기 Tertio Millennio adveniente〕로 시작되었습니다. 교황은 그리스도교가 맞이할 세 번째 1000년 기간을 충만하게 기념하기 위해 세계 모든 교회가 3년 동안 집중적으로 성년을 준비할 것을 요청하였고, 매년 복되신 동정 마리아께 맡기는 특별한 기도들이 반포되었습니다.

> 저는 온 교회의 이러한 투신을 구세주의 어머니이신 성모님의 천상 전구에 맡겨드립니다. 공정한 사랑의 어머니이신 성모님께서는 세 번째 천년기의 위대한 성년을 향해 가는 그리스도인들에게 주님을 향한 그들의 발걸음을 확신

으로 인도하는 별이 되실 것입니다.

1998년 11월 29일, 칙서 《강생의 신비 Incarnationis Mysterium》와 함께 교황은 2000년의 성년을 **대 희년** (Giubileo Grande)으로 선포하였습니다.

1999년 12월 24일 성탄 전야 미사에서 전 세계가 지켜보는 가운데 굳게 닫혀있던 성 베드로 대성당의 성문을 활짝 열었습니다.

✚ 새천년의 성년과 첫 시성

교황은 성년 기간 오랫동안 기다려온 꿈, 즉 예루살렘을 향한 성지 순례의 꿈을 이루었습니다. 그 방문에서 통곡의 벽에 손을 대고 기도하였는데, 통곡의 벽 틈에 그리스도인이 유대인에게 저지른 죄에 대한 용서의 기도문을 끼워 놓았습니다.

대 희년 동안 로마를 방문한 순례자는 외국인의 숫자만 약 7천 8백만 명이었고, 내국인을 포함 한 해 동안 누적 방문자는 약 3억 3천만 명을 넘었습니다.

성 요한 바오로 2세께서 사도적 서한 〔제삼천년기〕에 남기신 말씀입니다.

모든 성년은
하느님의 섭리로부터
교회의 역사 안에서 준비되었습니다.

2000년 4월 30일, 교황은 폴란드의 신비가 마리아 파우스티나 코발스카[2] 수녀를 시성하며 부활 제2주일을 **하느님의 자비 축일**로 제정하였고, 이로써 파우스티나 성녀는 새천년 최초의 시성자가 되었습니다.

---

[1] Papa Giovanni Paolo II, 라틴어 Ioannes Paulus PP. II, 폴란드 바도비체 출생, *1920~†2005년, 264대 교황, 1978~2005년 재위

[2] Sancta Maria Faustina Kowalska, 폴란드 글로고비에츠 출생, *1905~†1938년, 1993년 시복, 2000년 시성, 축일 10월 5일

교황 요한 바오로 2세 시복식

2025

스페란짜, 희망

✚ 2016년 특별 희년

2013년부터 베드로좌에 오른 **프란치스코**[1] 교황은 19세기의 3회 특별 희년 이후에 다시 특별 희년을 선포하였습니다.

2016년 네 번째 특별 희년은 1965년에 폐막한 제2차 바티칸 공의회의 50주년을 기념하기 위한 것이었습니다. 공의회 전과 후라는 표현을 남기고 교회의 현대화와 쇄신을 이룬 가톨릭교회는 2016년을 자비의 희년으로 봉헌하였습니다.

✚ 교황 칙서 발표

2024년 5월 9일 주님 승천 대축일, 성 베드로 대성당에서 교황 프란치스코는 칙서 《희망은 우리를 부끄럽게 하지 않습니다 Spes non funditur》를 발표하였습니다.

2024년 12월 24일 성 베드로 성문이 열리는 기점부터 1년 동안 성년을 개최할 것을 전 세계에 알리고, 예식에 참석한 추기경과 주교에게 전 세계 주교를 대표하여 칙서를 수여하셨습니다. 3천여 명 신자가 성당을 메웠고, 많은 성직자의 입당행렬 속에서 유흥식 라자로 추기경님 모습도 볼 수 있어 한국인으로서 뿌듯하고 자랑스러웠습니다.

교황 칙서는 교황 궁내 원장인 레오나르도 사피엔자(Leonardo Sapienza) 몬시뇰이 대독하였지만, 강론만큼은 교황님이 힘 있는 목소리로 직접 하셨는데 칙서와 강론 말씀을 듣는 중에 30여 회 넘게 등장하는 단어가 있었습니다.

그것은 바로 스페란짜(Speranza), **희망**이었습니다.

✚ 스페란짜

그렇습니다. 우리에게 성년이 필요한 이유는 바로 희망이 간절히 필요하기 때문입니다. 바오로 사도께서 아브라함을 일컬어 **그는 희망이 없어도 희망하며**(로마 4,18)라고 표현했던 말씀과 같이, 오늘날 우리에게 가장 필요한 것이 바로 희망인 것입니다.

> 병자와 그 가족들에게
> 가난한 이들에게
> 갇혀있는 이들에게
> 불안해하는 이들에게

전쟁 중에 처해있는 이들에게
다음 세대 자녀를 갖기 두려워하는 이들에게

현재 우리에게 가장 필요한 것이야말로 미래에 대한 희망입니다.

✚ 희망을 통한 해방

성년의 역사를 돌아보면서 구약성경에서 하느님께서 선택하신 백성이 해방의 해로 선포했던 희년의 기원을 기억합니다. 우리 또한 누구도 예외 없이 희망으로 해방되어야 할 존재라는 진실을 마주하며, 한없는 은총을 베푸시려 교회로 초대해 주는 자비로우신 하느님께 깊은 감사를 드립니다.

주님께 바라라.
네 마음 굳세고 꿋꿋해져라.
주님께 바라라.
(시편 27,14)

이번 교황 회칙의 제목을 포함한 로마서 5장의 말씀

입니다.

> 그러므로 믿음으로 의롭게 된 우리는 우리 주
> 예수 그리스도를 통하여 하느님과 더불어 평화
> 를 누립니다. 믿음 덕분에, 우리는 그리스도를
> 통하여 우리가 서 있는 이 은총 속으로 들어올
> 수 있게 되었습니다. 그리고 하느님의 영광에
> 참여하리라는 희망을 자랑으로 여깁니다. 그뿐
> 만 아니라 우리는 환난도 자랑으로 여깁니다.
> 우리가 알고 있듯이, 환난은 인내를 자아내고
> 인내는 수양을, 수양은 희망을 자아냅니다. 그
> 리고 희망은 우리를 부끄럽게 하지 않습니다.
> 우리가 받은 성령을 통하여 하느님의 사랑이
> 우리 마음에 부어졌기 때문입니다.
> (로마 5,1-5)

---

[1] Papa Francesco, 라틴어 Franciscus PP., 아르헨티나
    부에노스아이레스 출생, *1936~현재, 266대 교황,
    2013년~현재 재위

TMAX·AN·MD·CXII·PONT·VII

GIOVEDÌ, 9 MAGGIO 2024, ORE 17.30,
BASILICA VATICANA
LETTURA E CONSEGNA DELLA BOLLA
DI INDIZIONE DEL GIUBILEO 2025
E SECONDI VESPRI DELL'ASCENSIONE DEL SIGNORE
LITURGIA PRESIEDUTA DA PAPA FRANCESCO
BIGLIETTI GRATUITI DISPONIBILI
PRESSO L'INFO POINT,
IN VIA DELLA CONCILIAZIONE, 7
DA LUNEDÌ 6 A GIOVEDÌ 9 (10:00 - 17:00).

2024년 5월 9일 교황 칙서 발표 전
성 베드로 대성당

요 약 　 쥬빌레오와 교황

	연도	교황과 특징
1	1300	**보니파시오 8세** · 최초의 성년
2	1350	· 교황 없는 성년
3	1390	〔선포〕 **우르바노 6세** 〔개막, 폐막〕 **보니파시오 9세** · 두 교황의 시대, 서구 대이교 시대
4	1400	**보니파시오 9세** · 검은 성년
5	1423	**마르티노 5세** · 로마 4대 성당 순례지 완성 · 라테라노 대성당의 성문 통과 전통 시작
6	1450	**니콜로 5세** · 금의 성년
7	1475	**시스토 4세** · 성년(Anno Santo) 이름 공식화 · 25년 성년 주기 고정 · 군주들의 성년

	연도	교황과 특징
8	1500	**알렉산더 6세** · 성년 개막과 폐막 예식 확립
9	1525	**클레멘스 7세** · 교회의 분열
10	1550	**율리오 3세** · 미켈란젤로의 성년
11	1575	**그레고리오 13세** · 트리엔트 공의회 정신의 전달 · 보편적 용서 · 15번의 묵주기도로 전대사 허락 전통
12	1600	**클레멘스 8세** · 바로크 양식 성년의 시작
13	1625	**우르바노 8세** · 바로크 거장 베르니니의 첫 성년
14	1650	**인노첸시오 10세** · 베르니니에게 절망적 성년
15	1675	**클레멘스 10세** · 베르니니의 세 번째 성년

	연도	교황과 특징
16	1700	〔선포, 개막〕 **인노첸시오 12세** 〔폐막〕 **클레멘스 11세** · 성년 중 교황 서거
17	1725	**베네딕토 13세** · 후대 교황의 귀감 · 스페인 계단 공개
18	1750	**베네딕토 14세** · 십자가의 길 예식 전통 시작
19	1775	〔선포〕 **클레멘스 14세** 〔개막, 폐막〕 **비오 6세** · 나폴레옹 침공 · 포로가 된 교황 서거 · 사라진 1800년 성년
20	1825	**레오 12세** · 1823년 성 바오로 대성당 화재 · 순례지 대체, 트레스테베레의 성모 마리아 대성당
21	1875	**비오 9세** · 신자 행사가 없는 허수아비 성년

	연도	교황과 특징
22	**1900**	**레오 13세** · 만국의 성년 · 이탈리아 봉우리 십자가 설치
23	**1925**	**비오 11세** · 선교 교황 · 1929년 바티칸 시국 주권 회복
24	**1929**	**비오 11세** · 특별 희년 1 · 교황의 사제 희년
25	**1933**	**비오 11세** · 특별 희년 2 · 구세주 구원 1900주기 기념
26	**1950**	**비오 12세** · 세계대전과 용서의 성년
27	**1975**	**바오로 6세** · 2차 바티칸 공의회 이 현대화와 교회 변화 · 성문 개방 42개국 생방송
28	**1983**	**요한 바오로 2세** · 특별 희년 3 · 구세주 구원 1950주기 기념

특별 희년 추가

	연도	교황과 특징
29	2000	**요한 바오로 2세** · 대 희년
30	2016	**프란치스코** · 특별 희년 4 · 2차 바티칸 공의회 폐막 50주년 기념 · 자비의 희년
31	2025	**프란치스코** · 희망(스페란짜)의 성년
32	2050	"여러분, 모두 건강히 지내십시오."

특별 희년 추가

성년

희년

1300 ~